'अकबर' इलाहाबादी की शायरी

'अकबर' इलाहाबादी की शायरी

संपादन

शमीम हनफ़ी

रूपान्तरण

सबा

वाणी प्रकाशन

वाणी प्रकाशन

'लोगो' वाणी प्रकाशन : मक़बूल फ़िदा हुसेन

वाणी प्रकाशन, 4695, 21-ए, दरियागंज, नयी दिल्ली-110002
वाणी प्रकाशन, अशोक राजपथ (पटना कॉलेज के सामने), पटना (बिहार)

'AKBAR' ALLAHABADI KI SHAYARI

Edited by Shamim Hanfi
Translated by Saba

Ghazals/Nazms

ISBN : 81-7055-776-3

संस्करण : 2002

आवृत्ति : 2010

मूल्य : 195/-

वाणी प्रकाशन

फोन : 0091#11#23273167, फोन व फैक्स 23275710

वेबसाइट : www.vaniprakashan.in

ई-मेल : vaniprakashan@gmail.com

आर.टेक ऑफसेट द्वारा दिल्ली-110095 में मुद्रित

परिचय

'अकबर' इलाहाबादी एक हास्य कवि के तौर पर जाने जाते हैं। मगर सच्ची बात यह है 'अकबर' की पूरी शायरी एक गहरा सामाजिक और सांस्कृतिक उद्देश्य रखती है। अकबर ने हास्य और व्यंग्य को अपनी अभिव्यक्ति का केवल माध्यम बनाया था। अपनी कविता के ज़रिए वह एक मानसिक परिवर्तन लाना चाहते थे, एक नई चेतना जगाना चाहते थे, उपनिवेशवाद के ख़िलाफ़ एक संघर्ष जारी रखना चाहते थे। प्रोफ़ेसर रघुपति सहाय 'फिराक़' गोरखपुरी ने 'अकबर' की गणना केवल उर्दू या भारतवर्ष नहीं बल्कि एशिया के बड़े कवियों में की है।

'अकबर' की कविता से हमारा परिचय उस वातावरण में होता है जब हमारे सामूहिक जीवन में एक बहुत बड़ी उथल-पुथल और महान परिवर्तन का सिलसिला जारी था। अकबर ने सन् 1866 ईण के आसपास शायरी शुरू की थी। उन्होंने अपने ज़माने की समस्याओं को चेतना के स्तर पर समझने की कोशिश की थी। अँग्रेज़ी शासन के साथ विदेशी विचारधारा जिस तरह हमारे यहाँ अपने क़दम जमाती जा रही थी और उसके नतीजे में भारतीय समाज जिन नए प्रश्नों से दो-चार हो रहा था अकबर की शायरी में उन्हीं परिस्थितियों की गूँज सुनाई देती है। अकबर ने भारतीय समाज को एक नए यथार्थवाद का रास्ता दिखाया। यह बात 'अकबर' अच्छी तरह समझ चुके थे कि अँग्रेज़ी शासन, शिक्षा और सभ्यता के फैलते हुए प्रभाव के कारण भारतीय जीवन में जो तूफ़ान-सा आया हुआ है उसे आसानी से रोका नहीं जा सकता। मध्यकालीन परम्पराओं और आदर्शों के पाँव उखड़ चुके हैं। अब एक नए जीवन दर्शन और नई

विचारधारा का सामना हम इसे न तो पूरी तरह नकार सकते हैं न पूरी तरह स्वीकार कर सकते हैं। भारतीय समाज की भलाई इसमें है कि आधुनिक युग से जुड़े हुए प्रश्नों को वह समझने और उनका ऐसा उत्तर ढूँढ़ने की कोशिश करे जिससे नए चैलेंजों से निपट भी लिया जाय और अपनी पहचान भी बनी रहे। इस आदर्श की पूर्ति के लिए 'अकबर' ने अपनी साहित्यिक साधना प्रारम्भ की।

'अकबर' का ख़याल था कि पश्चिमी सभ्यता का असर केवल यही नहीं कि हमारे देश के आर्थिक ढाँचे को तबाह कर देगा, उन्हें इस बात का डर भी था कि हमारे सामूहिक जीवन में अध्यात्मवाद और हमारे विश्वासों ने जो एक ख़ास रंग पैदा किया है और जिसके कारण हमारी एक अलग पहचान स्थापित हुई है उस पर भी पश्चिम की ओर से आक्रमण हो रहा है। 'अकबर' ने नए वैज्ञानिक आविष्कारों और पश्चिम की उन्नति के औद्योगिक आधारों पर गहरे शक की नज़र डाली। वह समझते थे कि मानव जीवन में जब नई वस्तुएँ प्रवेश करती हैं तो अन्दर-ही-अन्दर एक नया जाल-सा भी फैलाती जाती है। हमारी चेतना इस जाल में धीरे-धीरे फँसती जाती है और एक समय ऐसा भी आता है जब हम अपना पूरा अस्तित्व ही खो बैठते हैं।

'अकबर' स्वराज के हामी थे और उनका ख़याल था कि स्वराज की बुनियादें केवल भौतिक और राजनीतिक ही नहीं होतीं, हमारी भावनाएँ और हमारे मूल्य भी आज़ादी चाहते हैं। वस्तुएँ इन्सान की भावनाओं और मूल्यों से अलग होकर नहीं रह सकतीं। कवि का काम यही है कि वह आर्थिक सच्चाइयों या चीज़ों पर अपनी भावनाओं की मोहर लगा दे। औद्योगिक क्रान्ति के नतीजे में जिन नित नए जीवन साधनों और आविष्कारों से हमारा परिचय हुआ था उन सबने हमारी भावनाओं की सतह पर भी पंजे गाड़ दिए थे। अब हमारा जीवन ऊपर से भी बदल रहा था और अन्दर से भी बदल रहा था। 'अकबर' का ख़याल था कि इस परिस्थिति में हमें धीरे-धीरे अन्दर और बाहर दोनों तरफ़ से बिगाड़ना और बर्बाद करना शुरू कर दिया था। अपनी कविता के ज़रिए 'अकबर' बर्बादी के इसी सिलसिले को रोकना चाहा। 'अकबर' की सबसे बड़ी विशेषता यह थी कि राजनीतिक और आर्थिक लूट-खसोट के पर्दे में उन्होंने

अँग्रेज़ी शासन के पूरे षड्यन्त्र को समझ लिया था। उनका ख़याल था कि यह शासन एक ऐसी संस्कृति को बढ़ावा दे रहा है। जो सिर्फ़ बनावटी और नक़ली है। 'अकबर' को अच्छी तरह समझने के लिए भारतीय स्वभाव और सभ्यता के सन्दर्भ में उन्नीसवीं सदी की आख़िरी दहाइयों और बीसवीं सदी की शुरू की दहाइयों से परिचित होना ज़रूरी है। ऐसी तमाम बातें जो 'अकबर' को दुखी करती हैं उनकी तरफ़ वह हँसी-हँसी में इशारा करते हैं। 'गालिब' ने अपनी एक पंक्ति में जो बात कही थी कि 'दिल तो आँसुओं से भरा हुआ था मगर होंठों पर मुस्कुराहट फैली हुई थी। तो यही बात 'अकबर' पर भी पूरी उतरती है। वह अपनी पीड़ा को मुस्कान में छुपाना जानते थे और इसके लिए अकबर ने एक नई काव्य भाषा का निर्माण किया था। उनकी भाषा में उर्दू के साथ-साथ अँग्रेज़ी, फ़ारसी, अरबी और हिन्दी के शब्द भी प्रयोग में आते थे।

'अकबर' के बारे में कहा जाता है कि अँग्रेज़ी साम्राज्य के हथकण्डों को वह अपने ज़माने के सियासी नेताओं से ज़्यादा अच्छी तरह समझते थे या ब्रिटिश साम्राज्य का विरोधी और आलोचक भर मान लेना काफ़ी नहीं है। सच तो यह है कि 'अकबर' का ध्यान मानव स्वभाव और संस्कृति के ज़्यादा महत्त्वपूर्ण प्रश्नों पर केन्द्रित है और राजनीतिक स्वतन्त्रता से ज़्यादा वह मानव जीवन की दूसरी बुनियादी सच्चाइयों को अहमियत देते थे। यह सही है कि वह औरतों में फैलती हुई बेपर्दगी, नई शिक्षा के साथ नए फ़ैशन की बढ़ती हुई बीमारी के ख़िलाफ़ थे। यह भी सही है कि 'अकबर' ने नए वैज्ञानिक आविष्कारों पर भी व्यंग्य किया है। वह पाइप (Pipe) के पानी या टाइप (Type) के शब्दों का भी मज़ाक़ उड़ाते थे। वह रेलवे इंजन या डबलरोटी या नए होटलों का कल्चर पसन्द नहीं करते थे। वह सिर्फ़ अँग्रेज़ी बोलने को सभ्य होने की दलील नहीं मानते थे। लेकिन यह सारी बातें 'अकबर' के चेतना-जगत में संकेतों की हैसियत रखते हैं। 'अकबर' यह बात अच्छी तरह समझते थे कि किसी भी जनसमूह या राष्ट्र के जीवन में सांस्कृतिक संकेतों की हैसियत ज़िन्दगी की दूसरी चीज़ों से ज़्यादा बड़ी होती है और 'अकबर' उस वक़्त यही महसूस कर रहे थे कि ब्रिटिश साम्राज्य की लपेट में आने के बाद भारतीय सभ्यता एक-एक करके अपने तमाम सांस्कृतिक संकेतों से वंचित होती जाएगी।

इस समाज की सोच इसका भावना स्तर, इस समाज में रहने वालों के मानव सम्बन्ध—सबकुछ बदल जाएँगे। 'अकबर' यह भी जानते थे कि इंसानों को जो चीज़ जानवरों से अलग करती है वह उनका ज्ञान या उनकी बुद्धि नहीं बल्कि उनके जीवन में सांस्कृतिक और मानव-मूल्यों की हैसियत है और जो मानव-समाज अपने सांस्कृतिक मूल्यों और परम्पराओं को त्याग देता है उसकी मानवीयता में भी उसी हिसाब से कमी पैदा हो जाती है।

'अकबर' की कविता को परखने के लिए केवल साहित्य की कसौटी काफी नहीं है। मानसिक, वैचारिक, ऐतिहासिक, मनोवैज्ञानिक, सांस्कृतिक और राजनीतिक स्तरों पर भी बहुत-सी दिशाएँ 'अकबर' की कविता से जुड़ी हुई हैं।

—शमीम हनफ़ी

'अकबर' इलाहाबादी की शायरी

है क्षत्तरी* भी चुप कि न पट्टा, न बाँक है
पूरी भी ख़ुश्क लब[1] है कि घी छः छटाँक है!
गो हर तरफ़ हैं खेत फलों से भरे हुए
थाली में ख़रबूज़े की फ़क़त एक फाँक है!
कपड़ा गराँ[2] हैं, सत्र[3] है औरत का आशकार[4]
कुछ बस नहीं ज़बाँ पे फ़क़त ढाँक ढाँक है!
भगवान का करम हो स्वदेशी के बैल पर
लीडर की खींच खाँच है, गाँधी की हाँक है!
'अकबर' पे बार है यह तमाशाए-दिलशिकन[5]
उसकी तो आख़िरत[6] की तरफ़ ताक झाँक है!

●

हुक्काम[7] से नियाज़[8] न गाँधी से रब्त है
'अकबर' को सिर्फ़ नज़्मे-मज़ामीं[9] का ख़ब्त है!
हँसता नहीं वह देख के इस कूद फाँद को
दिल में तो क़हक़हे हैं, मगर लब[10] पे ज़ब्त है

●

---

* क्षत्री 1. सूखे होंठ 2. महँगा 3. छिपा 4. प्रकट ज़ाहिर 5. दिल तोड़ने वाला 6. परलोक 7. अधिकारी 8. मिलना-जुलना 9. बातों को काव्य रूप देना 10. होंठ

जो पूछा मैंने कैसी शब थी कल, क्या हाल तेरा था?
तेरे घर में नहीं थी रोशनी, बिलकुल अँधेरा था!
वह बोला, शोख़िए-पर्वाना[1] से मैं तंग आया था
मेरे दिल में पतिंगों से ख़याले जंग आया था
उछलने कूदने का शौक़ था पर्वाने के सर में
किया तर्के-तआउन[2], रोशनी की ही नहीं घर में
कहा मैंने कि पर्वानों को जो कुछ भी ज़रर[3] पहुँचा!
बता मुझको कि तारीकी[4] का तुझ पर क्या असर पहुँचा!
लगा कहने अँधेरे में तो ठोकर मैं भी खाता था
मगर उड़ने के बदले रेंगना उनका ख़ुश आता था!

•

ख़ुदा के बाब में क्या आप मुझसे बहस करते हैं
ख़ुदा वह है कि जिसके हुक्म से साहब भी मरते हैं
मगर इस शेर को मैं ग़ालिबन क़ायम न रक्खूँगा
मचेगा गुल, ख़ुदा को आप क्यों बदनाम करते हैं

•

1. पर्वाने की शोख़ी 2. सहयोग छोड़ देना 3. नुक़्सान 4. अँधेरा

इस सोच में हमारे नासेह[1] टहल रहे हैं
गाँधी तो वज्द[2] में हैं, यह क्यों उछल रहे हैं
नश्व-ओ-नुमाये कौन्सिल[3] जिनको नहीं मयस्सर[4]
पब्लिक की जय में उनके मज़्मून पल रहे हैं
हैं वफ़्द[5] और अपीलें, फ़रियाद और दलीलें
और किब्रे - मग़रिबी[6] के अरमां निकल रहे हैं
यह सारे कारख़ाने अल्लाह के हैं 'अकबर'
क्या जाए-दम ज़दन[7] है, यूँ ही यह चल रहे हैं

•

मुस्लिम का मियाँपन सोख़्त[8] करो, हिन्दू की भी ठकुराई न रहे!
बन जावो हर हक़ के बाप यहाँ दावे को कोई भाई न रहे!
हम आपके फ़न के गाहक हों, ख़ुद्दाम[9] हमारे हों ग़ायब
सब काम मशीनों ही से चले, धोबी न रहे नाई न रहे!

•

जिस बात को मुफ़ीद[10] समझते हो ख़ुद करो
औरों पे उसका बार न इस्रार[11] से धरो
हालात मुख़्तलिफ़ हैं, ज़रा सोच लो यह बात
दुश्मन तो चाहते हैं कि आपस में लड़ मरो!

•

---

1. उपदेश देनेवाला 2. मस्ती 3. काउन्सिल का उत्थान 4. प्राप्त करना 5. डेलीगेशन 6. पश्चिम का घमण्ड 7. सांस लेने की जगह 8. नष्ट 9. नौकर 10. लाभदायक 11. हठ, ज़िद

नई रोशनी का हुआ तेल कम
हुकूमत ने उससे किया मेल कम
इधर मोलवी कसमपुर्सी[1] में थे
न आफ़िस में थे और न कुर्सी में थे
यह ठहरी कि आपस में मिल जाइए
सियासी कमेटी में पल जाइए
इसी मेल का आज कल है ज़हूर[2]
खुदा जाने अज़्मत[3] है इसमें कि नूर

•

झुका हुआ हूँ मैं सूये मश्रिक़[4] उधर वह मग़्रिब में तन रहा है
मेरा फ़साना हुआ पुराना, अब उसका अफ़्साना बन रहा है।
नहीं है अब दूर वक़्ते आख़िर, हुज़ूरिए हक़ में रह तू हाज़िर
इन इन्क़लाबों से हो न बेदिल, यही फ़लक[5] का चलन रहा है!

---

1. बेबसी, बेकसी 2. ज़ाहिर होना 3. बड़ाई 4. पूरब 5. आसमान

हज़ारों ही तरीक़ों से हम अँग्रेज़ों को घेरे हैं
तवाफ़[1] उनके घरों का है, उन्हीं सड़कों के फेरे हैं
सवारी है उन्हीं की, राह उनकी और डाक उनकी
उन्हीं की फ़ौज है, उनकी पुलिस है और ताक उनकी!
हवा में एयरशिप उनके समुन्दर में जहाज़ उनके
अमल हम में किया करते हैं नामालूम राज़ उनके!
उलूम[2] उनके, ज़बाँ उनकी, प्रेस उनके, लुग़ात[3] उनके!
हमारी ज़िन्दगी के सारे अज्ज़ा[4] पर हैं हात[5] उनके!
बहुत ऐसे हैं जो तर्के तआउन[6] के भी क़ायल हैं
मगर ऊँचे जो हैं, अक्सर तरफ़ इंगलिश के मायल हैं
फ़कत ज़िद है जो कहती है कि "जब अपनी ज़बां खोलो
हमारे पेशवाये-मुल्क, गाँधी जी की जय बोलो"
क़रायन[7] कह रहे हैं, आ रहा है दौर फ़ितनों का
हवाएँ बह चलेंगी, नक़्श मिट जाएगा कितनों का!

---

1. परिक्रमा 2. शास्त्र, ज्ञान 3. शब्द कोश 4. हिस्से 5. हाथ 6. असहयोग 7. अन्दाज़ा, अनुमान

कहा गाँधी से कि "मौजूं[1] नहीं यह आप का काम"
हँस के बोले कि, "मुक़फ़्फ़ा[2] है सरीहन[3] यह निज़ाम[4]"
आपका ज़ोर तो जंगी नए आलात[5] में है
क़ाफ़िया उसका फ़क़त "तर्के-मवालात[6]" में है

•

पूछता हूँ "आप गाँधी को पकड़ते क्यों नहीं"?
कहते हैं "आपस ही में तुम लोग लड़ते क्यों नहीं"?
"पेच क़िस्मत के तुम्हारे जब दिखाएँगे कजी[7]
आदिलाना[8] रंग में उठ कर करेंगे हम ज़जी"!

•

बर्क़[9] के लैम्प से आँखों को बचाए अल्लाह
रोश्नी आती है और नूर चला जाता है

---

1. मुनासिब 2. जिसमें तुकान्त का प्रयोग किया गया हो 3. प्रत्यक्ष रूप से 4. तौर तरीक़े, पद्धति 5. शस्त्र 6. स्वतन्त्रता संग्राम में एक आन्दोलन 7. टेढ़ 8. न्याय पर आधारित 9. बिजली

गाँधी तो हमारा भोला है, और शेख़ ने बदला चोला है
देखो तो ख़ुदा क्या करता है, साहब ने भी दफ़्तर खोला है
आनर की पहेली बूझी है, हर इक को तअल्ली[1] सूझी है
जो चोकर था वह सूजी है, जो माशा था वह तोला है
यारों में रक़म अब कटती है, इस वक़्त हुकूमत बटती है
कम्पू से तो ज़ुल्मत[2] हटती है, बे नूर मोहल्ला टोला है

•

किया तलब[3] जो स्वाराज भाई गाँधी ने
मची यह धूम कि ऐसे ख़याल की क्या बात!
कमाले प्यार से अँग्रेज़ ने कहा उनसे!
हमीं तुम्हारे हैं, फिर मुल्क-ओ-माल की क्या बात

•

सुना हर इक ने ज़बान-ओ-क़लम पे क्या गुज़री
मगर ख़ुदा ही ने जाना कि हम पे क्या गुज़री

•

हमें भगवान की कृपा ने तो बाबू बनाया है
मगर योरप के शाला लोग, ने उल्लू बनाया है

---

1. अपने मुँह मियाँमिट्ठू बनना, अपनी सराहना ख़ुद करना 2. अँधेरा 3. मान

ग़रज़[1] उस से नहीं मुझको, बनी है यह ज़मीं क्यों कर
यह फ़रमाएँ मयस्सर[2] आएगी नाने-जवीं[3] क्यों कर
यही पुरसिश है हर सू आप बी.ए. हैं कि एम.ए. हैं
यह है जब रंग दुनिया का तो सीखें इल्मे-दीं क्यों कर

●

मुझे भी दीजिए अख़बार का वरक़[4] कोई
मगर वह जिसमें दवाओं का इश्तेहार न हो
जो हैं शुमार में कौड़ी के तीन हैं इस वक़्त
यही है ख़ूब, किसी में मेरा शुमार न हो
गिला[5] यह जब्र[6] क्यों कर रहे हो ऐ 'अकबर'
सुकूत ही है मुनासिब जब अख़्तियार[7] न हो

●

दियासलाई की तेज़ी तो आ गई हम में
कसर यही है कि डिबिया उन्हीं की जेब में है

●

1. मतलब 2. प्राप्त करना 3. जौ की रोटी 4. पन्ना, पेज 5. शिकायत 6. अत्याचार 7. अधिकार

हुकूमत और दौलत की जो दे चाट
तो बन, जाएँगे आख़िर यह तेरे भाट
अदावत[1] मज़्हबी जो है पुरानी
उभार उसको ब-अन्दाज़े-निहानी[2]
मुझे मालूम है नेटिव-ख़सायल[3]
कहाँ यह वहदते-मुल्की[4] पे मायल
कोई दादा को अपने रट रहा है
कोई इक जानवर पर कट रहा है
ज़बाँ पर ही कोई देता है याँ जाँ
मआनी होते हैं लफ़्ज़ों पे क़ुर्बां
हक़ीक़त में यह सब हैं शिर्क-आलूद[5]
इसी से तू है उनके सर पे मौजूद
कोई उन में से ऐसा ख़ुदग़रज़[6] है
कि क़ौमी बहस को समझा मरज़ है
ग़रज़ जाती तो उसकी कर दे पूरी
तो है मन्जूर उसकी सबसे दूरी
तो वह बेदार[7] और मस्रूफ़ जस्टिस
समझ ले बेअसर नेटिव की घिस-घिस

•

1. दुश्मनी 2. छुपे हुए अन्दाज़ में 3. देशी विशेषताएँ 4. देश की एकता 5. जिसमें साझेदारी का रंग हो 6. स्वार्थी 7. जागता हुआ

आप क्यों अपना ख़िताब[1] ऐ ख़ान वापस कीजिए
खुद उन्हीं से कहिए मेरी शान वापस कीजिए
वापसी आनर की झगड़ा ख़त्म कर सकती नहीं
लोग कहते हैं, खुदा को जान वापस कीजिए
यह तवज़्ज़ो[2] क्या, बरामद खुद नहीं होते जो वह
छोड़िए डयोढ़ी को हुक़्क़ा पान वापस कीजिए
आप जिसको नज़अ[3] समझे थे ग़शी[4] थी वह फ़क़त
लाइए कुर्ता, कफ़न का थान वापस कीजिए
मद्‌ह[5] का बेइन्तेहा मम्नून[6] हूँ, लेकिन जनाब
दाम अगर देने न हों दीवान वापस कीजिए

●

उनसे दिल मिलने की 'अकबर' कोई सूरत ही नहीं
अक़्लमन्दों को मुहब्बत की ज़रूरत ही नहीं

●

न साहब को मारो, न साहब से भागो
मचाते रहो गुल, पिटो और माँगो

1. उपाधि 2. सत्कार 3. मरने से पहले की हालत 4. बेहोशी 5. प्रशंसा 6. आभारी

शेर कहता है बज़्म से न टलो
दाद लो, वाह की हवा में पलो
वक़्त कहता है क़ाफ़िया है तंग
चुप रहो, भाग जाओ, साँस न लो

•

दुनिया से तअल्लुक़ जिनका है, वह ख़ुश न सही मश्ग़ूल[1] तो है
पज़ मुर्दा[2] जो हैं भी सरतापा[3], शाख़ों में लगे हैं, फूल तो हैं
आफ़त तो हमारी जान पे है, दुनिया का तअल्लुक़ छूट गया
बस तौक़े-गुलू[4] है रिश्तये-जाँ, उम्मीद का रिश्ता टूट गया

•

क्यों कोई आज हरि का नाम जपे
क्यों रियाज़त[5] का जेठ सर पे तपे
काम वह है जो हो गवरमेन्टी
नाम वह है जो पानियर में छपे

•

नहीं हरगिज़ मुनासिब पेश बीनी दौरे गाँधी में
जो चलता है वह आँखें बन्द कर लेता है आँधी में

---

1. व्यस्त 2. मुर्झाया हुआ 3. सर से पैर तक 4. गले का तौक़ 5. मेहनत, तपस्या

बहार आई, मये-गुल्गूँ[1] के फ़व्वारे हुए जारी
यहाँ सावन से बढ़ कर साक़िया फागुन बरसता है
फ़रावानी[2] हुई दौलत की सन्नाआने[3] योरप में
यह अब्रे-दौरे-इंजन है कि जिससे हुन बरसता है।

•

आबे ज़मज़म से कहा मैंने मिला गंगा से क्यों
क्यों तेरी तीनत[5] में इतनी नातवानी[6] आ गई?
वह लगा कहने कि हज़रत! आप देखें तो ज़रा
बन्द था शीशी में, अब मुझमें रवानी आ गई

•

क़ौम से पूरी सही हासिल जब आनर हो गया
तन की क्या पर्वा[7] रही जब आदमी सर[8] हो गया

•

चोर के भाई गिरह-कट तो सुना करते थे
अब यह सुनते हैं एडीटर के ब्रादर लीडर

---

1. गुलाब के रंग की शराब 2. बहुतात 3. कारीगरों में 4. इंजन के युग का बादल 5. आदत, स्वभाव 6. कमज़ोरी 7. चिन्ता 8. पीछे पड़ गया।

अश्आर

तिरछी चितवन से खुदा जाने वह देखें मुझे कब
मौत का वक़्त किसी शख़्स[1] को मालूम नहीं

सोहबते-बाहम[2] में तो अब रोज़ रहता है फ़साद
हम से उन से दूर की साहब सलामत ख़ूब थी

मेरी निस्बत से फ़रमाते हैं वाएज़[3] बदगुमाँ[4] हो कर
क़यामत ढाएगा जन्नत में यह बूढ़ा जवाँ होकर

कुछ न पूछ ऐ हमनशीं[5] मेरा नशेमन[6] था कहाँ
अब तो यह कहना भी मुश्किल है वह गुल्शन था कहाँ

आबरू चाहो अगर अँग्रेज़ से डरते रहो
नाक रखते हो तो तेग़े-तेज़[7] से डरते रहो

पतलून के बटन से धोती का पेच अच्छा
दोनों से वह जो समझे दुनिया को हेच अच्छा

---

1. व्यक्ति 2. आपस में मिलना 3. उपदेश देने वाला 4. ख़राब राय रखना 5. साथी 6. घोंसला 7. धारदार तलवार

बेताबियाँ नसीब में थीं वरना हमनशीं[1]
यह क्या ज़रूर था कि उन्हीं पर नज़र पड़े

मुसलमानों को लुत्फ़-ओ-ऐश[2] से जीने नहीं देते
ख़ुदा देता है खाना शेख़ जी पीने नहीं देते

मैंने 'अकबर'-सा भी वहमी[3] नहीं देखा कोई
कहता है उनकी कमर मुझको नज़र आती है

साथ उनके मेरा शेख़ तो चल ही नहीं सकता
बन्दर की तरह ऊँट उछल ही नहीं सकता

क्या कहूँ इसको मैं बद-बख़्तिये नेशन[4] के सिवा
उसको आता नहीं अब कुछ इमीटे़शन के सिवा

मय फ़रोशी[5] को तो रोकूँगा, मैं बाग़ी ही सही
सुर्ख़ पानी से है बेहतर मुझे काला पानी!

---

1. साथी 2. आनन्द और उल्लास 3. भ्रम रखने वाला 4. राष्ट्र का दुर्भाग्य 5. शराब बेचना

दिल छोड़ कर ज़बान के पहलू पे आ पड़े
हम लोग शायरी से बहुत दूर जा पड़े

हुए इस क़दर मुहज़्ज़ब, कभी घर का मुँह न देखा
कटी उम्र होटलों में, मरे अस्पताल जाकर

गुलों को देख कर कहता है वह शोख़
हमारा रंग भी फीका नहीं है

ख़िलाफ़े-शरा[1] कभी शेख़ थूकता भी नहीं
मगर अँधेरे उजाले यह चूकता भी नहीं

रक़ीबों[2] ने रपट लिखवाई है जा जा के थाने में
कि 'अकबर' नाम लेता है ख़ुदा का इस ज़माने में

यही मर्ज़ी ख़ुदा की थी हम उनके चार्ज में आए
सरे-तस्लीम ख़म[3] है जो मिज़ाजे जार्ज में आए

---

1. धर्मादेश के ख़िलाफ़ 2. विरोधी, मुख़ालिफ़ 3. मर्जी के आगे सर झुका हुआ

शेख़ जी घर से न निकले और मुझसे कह दिया
आप बी.ए. पास हैं और बन्दा बीबी पास है

हम तो कॉलेज की तरफ़ जाते हैं ऐ मोल्वियो
किस को सौंपें तुम्हें, अल्लाह निगहबान[1] रहे

हैं अमल अच्छे मगर दर्वाज़ए जन्नत है बन्द
कर चुके हैं पास लेकिन नौकरी मिलती नहीं

बे पास के तो सास की भी अब नहीं है आस
मौक़ूफ़[2] शादियाँ भी हैं अब इम्तहान पर

बने बन्दर से हम इन्साँ तरक़्क़ी इसको कहते हैं
तरक़्क़ी पर भी नेटिव बदनसीबी इसको कहते हैं

साहब से रहे मिल के, वही ख़ूब है नेटिव
घोड़ा वही अच्छा है जो मोटर से न भड़के

---

1. रखवाला 2. स्थगित

हम क्या कहें अहबाब[1] क्या कारे-नुमायाँ[2] कर गए
बी.ए. किया, नौकर हुए, पेन्शन मिली, फिर मर गए

कुछ इलाहाबाद में सामाँ नहीं बहबूद[3] के
याँ धरा क्या है बजुज़[4] 'अकबर' के और अम्रूद के

मैंने जो कहा देखो तो ज़रा अब क़ौम पे कैसा जोबन है
वह हँस के लगे कहने "साहब यह क़ौम नहीं है पलटन है

'अकबर' दबे नहीं किसी सुल्तां की फ़ौज से
लेकिन शहीद हो गए बेगम की नौज से

उनसे बीबी ने फ़क़त स्कूल ही की बात की
यह न बतलाया कहाँ रक्खी है रोटी रात की

क्यों दिले गाँधी से साहब का अदब जाता रहा
बोले : क्यों साहब के दिल से ख़ौफ़े-रब जाता रहा

---

1. दोस्त 2. ख़ास काम 3. भलाई 4. सिवाय

डिनर से तुम को कम फ़ुर्सत, यहाँ फ़ाक़े से कम ख़ाली
चलो बस हो चुका मिलना, न तुम ख़ाली न हम ख़ाली

बताऊँ आपसे मरने के बाद क्या होगा
पुलाव खाएँगे अहबाब[1] फ़ातेहा होगा

हम तो हर हाल को माज़ी[2] ही समझ लेते हैं
लोग मर जाएँगे और वक़्त गुज़र जाएगा

आने वाले न रहे अन्जुमने-दिल की तरफ़
कोई कॉलेज की तरफ़ है कोई कौन्सिल की तरफ़

मोटर से न गर्दन कभी ऐ यार निकाली
तूने न मेरी हस्रते दीदार[3] निकाली

सुन लो यह भेद, मुल्क जो गाँधी के साथ है
तुम क्या हो? सिर्फ़ पेट हो, वह क्या है? हाथ है?

---

1. दोस्त 2. भूतकाल 3. दर्शन

किश्ते-दिल[1] को नफ़ा[2] पहुँचे अश्क[3] ऐसी चीज़ है
दीदये-गिरियाँ[4] पे वाटर टैक्स की तज्वीज़[5] है

जानता हूँ हो रहा है जो न होना चाहिए
बहूस यह है कब तलक इस ग़म में रोना चाहिए

लफ़्ज़ क़ौमी पर बिला मरकज़[6] अकड़ना चाहिए
इसके यह मानी हुए आपस में लड़ना चाहिए

उसे 'अकबर' हमारे दिल का तड़पाना नहीं आता
कि जिस को इल्म तो आता है शर्माना नहीं आता

बदन में रूह आ जाती है जब बेगोरी रंगत के
तो बे इंगलिश पढ़े रोज़ी भी मिल सकती है नेटिव को

वह भागे हज़रते गाँधी से कह के
"मगर से बैर क्यों दरिया में रह के?"

1. दिल की खेती 2. फ़ायदा 3. आँसू 4. रोने वाली आँखें 5. प्रस्ताव 6. केन्द्र

क्या पूछते हो अकबरे-शोरीदा[1] सर का हाल
ख़ुफ़िया पुलिस से पूछ रहा है कमर का हाल

तालीम जो दी जाती है हमें, वह क्या है, फ़क़त बाज़ारी है
जो अक़्ल सिखाई जाती है, वह क्या है, फ़क़त सरकारी है

शेख़ जी के दोनों बेटे बा हुनर[2] पैदा हुए
एक हैं ख़ुफ़िया पुलिस में एक फाँसी पा गए

सिविल सर्जन तो साढ़े सात से पहले नहीं उठते
व लेकिन उनके मुर्ग़े की सहर ख़ेज़ी[3] नहीं जाती

नाज़ुक बहुत है वक़्त, ख़ामोशी से रब्त[4] कर!
गुस्सा हो, आह हो, कि हँसी, सब को ज़ब्त कर!

यही गाँधी से कह कर हम तो भागे
"क़दम जमते नहीं साहब के आगे"

---

1. परीशान हाल 'अकबर' 2. हुनरमन्द, गुणीं 3. सुबह सबेरे जागना 4. सम्बन्ध

ग़ज़लें

ग़मज़ा[1] नहीं होता कि इशारा नहीं होता
आँख उनसे जो मिलती है तो क्या-क्या नहीं होता

जलवा न हो मानी का तो सूरत का असर क्या
बुलबुल गुले-तस्वीर का शैदा[2] नहीं होता

अल्लाह बचाए मरज़े-इश्क़ से दिल को
सुनते हैं कि यह आरिज़ा[3] अच्छा नहीं होता

तश्बीह[4] तेरे चेहरे को क्या दूँ गुले-तर से
होता है शगुफ़्ता[5] मगर इतना नहीं होता

मैं नज़्आ[6] में हूँ, आएँ तो अहसान है उनका
लेकिन यह समझ लें कि तमाशा नहीं होता

हम आह भी करते हैं तो हो जाते हैं बदनाम
वह क़त्ल भी करते हैं तो चर्चा नहीं होता

---

1. नाज़ो अदा 2. आशिक़ 3. बीमारी 4. उपमा 5. खिला हुआ 6. मरने से पहले की हालत

दिल मेरा जिससे बहलता कोई ऐसा न मिला
बुत के बन्दे मिले, अल्लाह का बन्दा न मिला

बज़्मे-याराँ[1] से फिरी बादे-बहारी[2] मायूस
एक सर भी उसे आमादये-सौदा न मिला

गुल के ख़्वाहाँ तो नज़र आए बहुत इत्र-फ़रोश[3]
तालिबे-ज़म्ज़मये-बुलबुले-शैदा न मिला

वाह क्या राह दिखाई है हमें मुर्शिद ने
कर दिया काबे को गुम और कलीसा न मिला

रंग चेहरे का तो कालेज ने भी रक्खा क़ायम
रंगे-बातिन में मगर बाप से बेटा न मिला

सइयद उट्ठे जो गज़ट लेके तो लाखों लाए
शेख़ क़ुरान दिखाते फिरे पैसा न मिला

होशियारों में तो इक इक से सिवा हैं 'अकबर'
मुझको दीवानों में लेकिन कोई तुझसा न मिला

---

1. दोस्तों की महफ़िल 2. बहार की हवा 3. इत्र बेचने वाला

मेहरबानी है अयादत[1] को जो आते हैं मगर
किस तरह उनसे हमारा हाल देखा जाएगा

दफ़्तरे-दुनिया उलट जाएगा बिलकुल यक क़लम
ज़र्रा ज़र्रा सब का असली हाल देखा जाएगा

आफ़िशल आमालनामा[2] की न होगी कुछ सनद[3]
हश्र में तो नामये आमाल देखा जाएगा

बच रहे ताऊन से तो अहले-ग़फ़्लत बोल उठे
अब तो मोहलत है फिर अगले साल देखा जाएगा

तर करो साहब नसब नामे, वह वक़्त आया है अब
बेअसर होगी शराफ़त, माल देखा जाएगा

रख क़दम साबित, न छोड़ 'अकबर' सिराते-मुस्तक़ीम[4]
ख़ैर चल जाने दे उनकी चाल, देखा जाएगा

---

1. बीमार का हाल पूछना 2. कर्मों की रूदाद 3. प्रमाण पत्र 4. सीधा रास्ता।

वह मुतरिब[1] और वह साज़ वह गाना बदल गया
नींदें बदल गईं वह फ़साना बदल गया

रंगे-रुख़े-बहार की ज़ीनत[2] हुई नई
गुल्शन में बुलबुलों का तराना बदल गया

फ़ितरत[3] के हर असर में हुआ एक इन्क़लाब
पानी फ़लक पे, खेत में दाना बदल गया

हद शहूरे-आफ़ियत[4] की नई तर्ज़ पर बँधी
वह चौकियाँ बदल गईं, थाना बदल गया

---

1. साजबजाने वाला 2. शोभा 3. स्वभाव 4. कुशल मंगल वाले नगर की सीमा

बहसें फ़ुज़ूल थीं यह खुला हाल देर में
अफ़्सोस उम्र कट गई लफ़्ज़ों के फेर में

है मुल्क इधर तो क़हत ज़दह, उस तरफ यह वाज़
कुश्ते वह खाके पेट भरे पाँच सेर में

हैं ग़श में शेख़ देख के हुस्ने-मिसे-फ़िरंग
बच भी गये तो होश उन्हें आएगा देर में

छूटा अगर मैं गर्दिशे तस्बीह से तो क्या
अब पड़ गया हूँ आप की बातों के फेर में

वज़्न अब उनका मुअइयन[1] नहीं हो सकता कुछ
बर्फ़ की तरह मुसलमान घुले जाते हैं

दाग़ अब उनकी नज़र में हैं शराफ़त के निशाँ
नई तहज़ीब की मौजों में धुले जाते हैं

इल्म ने, रस्म ने, मज़हब ने जो की थी बन्दिश
टूटी जाती है वह, सब बन्द खुले जाते हैं

शेख़ को वज्द[2] में लाई हैं प्यानों की गतें
पेच दस्तारे-फ़ज़ीलत[3] के खुले जाते हैं

---

1. निश्चित 2. झूमना 3. बड़ाई की पगड़ी

बहुत रहा है कभी लुत्फ़े-यार[1] हम पर भी
गुज़र चुकी है यह फ़स्ले बहार हम पर भी

उरूसे दह्र[2] को आया था प्यार हम पर भी
यह बेस्वा थी किसी शब निसार हम पर भी

बिठा चुका है ज़माना हमें भी मस्नद पर
हुआ किए हैं जवाहर निसार हम पर भी

अदू[3] को भी जो बनाया है तुमने महरमे राज़
तो फ़ख़्र[4] क्या जो हुआ एतबार हम पर भी

ख़ता किसी की हो लेकिन खुली जो उनकी ज़बाँ
तो हो ही जाते हैं दो एक वार हम पर भी

हम ऐसे रिन्द[5] मगर यह ज़माना है वह ग़ज़ब
कि डाल ही दिया दुनिया का बार हम पर भी

हमें भी आतिशे-उल्फ़त जला चुकी 'अकबर'
हराम हो गई दोज़ख़ की नार हम पर भी

---

1. महबूब की प्रेम-अनुकम्पा, 2. ज़माने की दुल्हन 3. शत्रु 4. गर्व 5. शराबी

मानी को भुला देती है सूरत है तो यह है
नेचर भी सबक़ सीख ले ज़ीनत[1] है तो यह है

कमरे में जो हँसती हुई आई मिसे राना
टीचर ने कहा इल्म की आफ़त है तो यह है

यह बात तो अच्छी है कि उल्फ़त[2] हो मिसों से
हूर उनको समझते हैं, क़यामत है तो यह है

पेचीदा मसायल के लिए जाते हैं इंगलैंड
ज़ुल्फ़ों में उलझ आते हैं शामत है तो यह है

पब्लिक में ज़रा हाथ मिला लीजिए मुझसे
साहब मेरे ईमान की क़ीमत है तो यह है

---

1. सजावट, शोभा 2. मुहब्बत

शेख़ जी अपनी सी बकते ही रहे
वह थियेटर में थिरकते ही रहे

दफ़ बजाया ही किए मज़्मूंनिगार[1]
वह कमेटी में मटकते ही रहे

सरकशों[2] ने ताअते-हक़[3] छोड़ दी
अहले-सजदा[4] सर पटकते ही रहे

जो गुबारे थे वह आख़िर गिर गये
जो सितारे थे चमकते ही रहे

---

1. निबन्ध लिखने वाला 2. सर उठाने वाला 3. सच का अनुसरण करने वाला 4. सजदा करने वाले

ख़ुशी क्या हो जो मेरी बात वह बुत मान जाता है
मज़ा तो बेहद आता है मगर ईमान जाता है

बनूँ कौंसिल में स्पीकर तो रुख़्सत क़िरअत मिस्री
करूँ क्या, मेम्बरी जाती है या क़ुरान जाता है

ज़वाले जाह-ओ-दौलत[1] में बस इतनी बात अच्छी है
कि दुनिया में नजूमी[2] आदमी पहचान जाता है

नई तहज़ीब में दिक़्क़त ज़ियादा तो नहीं होती
मज़ाहिब रहते हैं क़ायम फ़क़त[3] ईमान जाता है

जहाँ दिल में यह आई कुछ कहूँ वह चल दिया उठ कर
ग़ज़ब है, फ़ितना है, ज़ालिम नज़र पहचान जाता है

चुनाँ बुरदंद सब्र अज़ दिल, के क़िस्से याद आते हैं
तड़प जाता हूँ यह सुनकर कि अब ईमान जाता है

---

1. सम्पत्ति और सम्मान 2. ज्योतिषी 3. सिर्फ़

हाले दिल सुना नहीं सकता
लफ़्ज़[1] मानी को पा नहीं सकता

इश्क़ नाजुक मिज़ाज है बेहद
अक़्ल का बोझ उठा नहीं सकता

होशे-आरिफ़[2] की है यही पहचान
कि खुदी[3] में समा नहीं सकता

पोंछ सकता है हमनशीं[4] आँसू
दाग़े-दिल को मिटा नहीं सकता

मुझको हैरत है इस क़दर उस पर
इल्म उसको घटा नहीं सकता

---

1. शब्द 2. ज्ञाता की समझ 3. अंहकार 4. साथी

जहाँ में हाल मेरा इस क़दर ज़बून[1] हुआ
कि मुझको देख के बिस्मिल[2] को भी सुकून हुआ

ग़रीब दिल ने बहुत आर्ज़ूएँ पैदा कीं
मगर नसीब का लिक्खा कि सब का ख़ून हुआ

वह अपने हुस्न से वाक़िफ़, मैं अपनी अक़्ल से सेर
उन्होंने होश सँभाला, मुझे जुनून हुआ

उमीदे-चश्मे-मुरव्वत[3] कहाँ रही बाक़ी
ज़रीया बातों का जब सिर्फ टेलीफ़ोन हुआ

निगाहे-गर्म क्रिस्मस में भी रही हम पर
हमारे हक़ में दिसम्बर भी माहे जून हुआ

---

1. दुर्दशा 2. घायल 3. मुरव्वत की आँख

चर्ख़[1] से कुछ उमीद थी ही नहीं
आर्ज़ू[2] मैंने कोई की ही नहीं

चाहता था बहुत-सी बातों को
मगर अफ़सोस अब वह जी ही नहीं

जुर्अते-अर्ज़े-हाल[3] क्या होती
नज़रे लुत्फ़ उसने की ही नहीं

उस मुसीबत में दिल से क्या कहता
कोई ऐसी मिसाल थी ही नहीं

आप क्या जानें कद्रे "या अल्लाह"
जब मुसीबत कोई पड़ी ही नहीं

शिर्क[4] छोड़ा तो सबने छोड़ दिया
मेरी कोई सोसाइटी ही नहीं

मज़हबी बहस मैंने की ही नहीं
फ़ाल्तू अक़्ल मुझमें थी ही नहीं

पूछा 'अकबर' है आदमी कैसा
हँस के बोले वह आदमी ही नहीं

---

1. चक्र, आकाश 2. आकांक्षा 3. अपना हाल बताने की हिम्मत 4. अनेकेश्वरवादी होना

सदियों फ़िलासफ़ी की चुनाँ और चुनीं रही
लेकिन ख़ुदा की बात जहाँ थी वहीं रही

ज़ोर आज़माइयाँ हुईं साइंस की भी ख़ूब
ताक़त बढ़ी किसी की, किसी में नहीं रही

दुनिया कभी न सुलह पे मायल[1] हुई मगर
बाहम[2] हमेशा बरसरे-पैकार-ओ-कीं[3] रही

पाया अगर फ़रोग़[4] तो सिर्फ़ उन नफ़ूस[5] ने
जिनकी कि ख़िज़्रे-राह फ़क़त शम्मे-दीं रही

अल्लाह ही की याद बहरहाल ख़ल्क़[6] में
वजहे-सुकूने-ख़ातिरे-अन्दोहगीं[7] रही

---

1. किसी ओर रुचि होना 2. साथ 3. लड़ाई पर तैयार 4. बढ़ावा 5. लोगों ने 6. जन्ता
7. उदास दिल के सुकून की वजह

कोई हँस रहा है कोई रो रहा है
कोई पा रहा है कोई खो रहा है

कोई ताक में है किसी को है ग़फ़्लत[1]
कोई जागता है कोई सो रहा है

कहीं नाउमीदी ने बिजली गिराई
कोई बीज उम्मीद के बो रहा है

इसी सोच में मैं तो रहता हूँ 'अकबर'
यह क्या हो रहा है यह क्यों हो रहा है

---

1. भूल

मुश्ताक़[1] नहीं हैं ज़िन्दगी के
मरना है तो क्या करेंगे जी के

पाई न किसी में बू वफ़ा की
चाहा था कि हो रहें किसी के

तौहीद[2] का मसअला[3] हैं असली
बाक़ी हैं शगूफ़े[4] हिस्टरी के

रिन्दी[5] किस काम की 'अकबर'
मिलते नहीं जब किसी से पी के

1. इच्छुक 2. अद्वैतवाद 3. समस्या 4. दिल्चस्प बातें, मज़ाक़ मस्ती

ग़फ़्लतों[1] का ख़ूब देखा है तमाशा दहूर[2] में
मुद्दतें गुज़री हैं मुझको होश में आए हुए

ख़ानये-दिल को मेरे तोड़ा तो क्या ऐसी नमूद[3]
चश्मे बद्दूर आप तो हैं मस्जिदें ढाए हुए

सेठ साहब के यहाँ शादी है, रिन्दों[4] को नवेद[5]
अच्छे-अच्छे तायफ़े[6] हैं शहूर में आए हुए

बाई जी ने सच कहा, लाओ कोई ताज़ा ग़ज़ल
गीत क्या गाऊँ ग्रामोफ़ोन में गाए हुए

हो चुकी दो दिन की शादाबी[7] उड़ा रंगे-बहार
फूल हैं सूखे हुए गुँचे[8] हैं मुर्झाये हुए

---

1. भूल 2. ज़माना, दुनिया 3. ज़ाहिर होना 4. पीने वालों 5. खुशख़बरी 6. झुंड, गिरोह 7. हरियाली 8. कलियाँ

दुनिया का ज़रा यह रंग तो देख इक इक को खाए जाता है
बन बन के बिगड़ता जाता है और बात बनाए जाता है

इन्सान की ग़फ़्लत[1] कम न हुई क़ानूने-फ़ना[2] की इबरत[3] से
हर गाम[4] पे कितने पाँव भी हैं और सर भी उठाए जाता है

इसको न ख़बर कुछ उसकी है उसको है न कुछ पर्वा[5] इसकी
रोता है रुलाए जाता है, हँसता है हँसाये जाता है

कुछ सोच नहीं, कुछ होश नहीं, फ़ितनों के सिवा कुछ जोश नहीं
वह लूट के भागा जाता है, यह आग लगाए जाता है

---

1. भूल 2. लुप्त होना, ग़ायब होना 3. सीख 4. हर जगह 5. परवाह

जो यूँ ही लहज़ा लहज़ा[1] दाग़े हसरत की तरक़्क़ी है
अजब क्या रफ़्ता रफ़्ता मैं सरापा सूरते दिल हूँ

मदद ऐ रहनुमाये गुम रहाँ[2] इस दश्ते-गुरबत में
मुसाफिर हूँ, परीशाँ हाल हूँ, गुमकरदा[3] मंज़िल हूँ

यह मेरे सामने शेख़-ओ-बरहमन क्या झगड़ते हैं
अगर मुझसे कोई पूछे, कहूँ दोनों का क़ायल हूँ

अगर दावाए-यक रंगी करूँ, नाख़ुश न हो जाना
मैं इस आईना ख़ाने में तेरा अक्से-मुक़ाबिल[4] हूँ

---

1. क्षण क्षण, पल पल 2. राह से भटके हुए 3. गुम किए हुए 4. सामना करने वाले।

मैं जिनके देखने को समझता हूँ ज़िन्दगी
उनका यह हाल है कि इधर देखते नहीं

तासीरे-इन्तेज़ार[1] ने यह हाल कर दिया
आँखें खुली हुई हैं मगर देखते नहीं

•

ग़म है इतना कि दिले-ज़ार पे क़ाबू भी नहीं
ज़ब्त यह है कि कहीं आँख में आँसू भी नहीं

क्या मेरे अहद में बदली है गुलिस्ताँ[2] की हवा
रंग कैसा कि किसी फूल में ख़ुश्बू भी नहीं

---

1. प्रतीक्षा 2. बाग़ फुलवारी

मयख़ानये-रिफ़ार्म की चिकनी ज़मीन पर
वायज़[1] का ख़ानदान भी आख़िर फिसल गया

कैसी नमाज़, बाल में नाचो जनाबे-शेख़
तुमको ख़बर नहीं कि ज़माना बदल गया

यह पास और वह पास न मूजिद न अहलेज़र[2]
अख़बार में जो छप गए अरमां निकल गया

•

पुरानी रोशनी में और नई में फ़र्क़ इतना है
उसे किश्ती नहीं मिलती, इसे साहिल[3] नहीं मिलता

किताबे-दिल मुझे काफ़ी है 'अकबर' दर्से-हिकमत[4] को
मैं स्पेन्सर से मुस्तग़नी[5] हूँ, मुझ से मिल नहीं सकता

---

1. भाषण देने वाला 2. धनवान 3. किनारा 4. बुद्धिमत्ता का सबक़ 5. जिसे किसी की ज़रूरत न हो

मेरी तक़रीर का उस मिस पे कुछ क़ाबू नहीं चलता
जहाँ बन्दूक़ चलती है वहाँ जादू नहीं चलता

कमर बाँधी भी यारों ने जो राहे-हुब्बे-क़ौमी में
वह बोले तू नहीं चलता, वह बोले तू नहीं चलता

कहा पीरे-तरीक़त[2] ने अकड़ कर अपनी टमटम पर
यही मंज़िल है जिसमें शेख़ का टट्टू नहीं चलता

---

1. क़ौम की मुहब्बत, राष्ट्रप्रेम 2. गुरु, मार्गदर्शक

क़त्ल से पहले दी क्लोरोफ़ार्म
शुक्र है उनकी मेहरबानी का

शेख़ दरगोर-ओ-क़ौम दर कालेज
रंग है दौरे-आस्मानी का

इंजन आया, निकल गया ज़न से
सुन लिया नाम आग पानी का

बात इतनी और इसपे यह तू मार
गुल है योरप में जाँफ़शानी[1] का

1. परिश्रम, जान खपाना

ख़ुशी बहुत है जहाँ में हमारे घर न सही
मलूल क्यों रहें दुनिया के इन्तेज़ाम से हम

ख़ुशमदी को मुबारक हो रात दिन चक्कर
यहाँ तो रखते हैं बस काम अपने काम से हम

अख़ीर उम्र में आया हमें ख़्याले-मआल[1]
बहुत दिनों में हुए वाक़िफ़[2] अपने काम से हम

चला है फ़लसफ़ा लेकर हमें सूये-ज़ुल्मात[3]
बहुत ही तंग हैं इस बेलगाम से हम

ख़याले-यार में उल्झा हुआ है तारे-नफ़स[4]
कभी न होंगे रिहा आशिक़ी के दाम से हम

अगर वह कहते हैं इमली तो हम कहेंगे यही
ज़रूर क्या है करें बह्स जाके आम से हम

मिला न अम्न शबिस्ताने-दहर[1] में दम भर
चरागे़-सुबह रहे इस जहाँ में शाम से हम

अब और चाहिए नेटिव के वास्ते क्या बात
यही बहुत है मुशर्रफ़[2] हुए सलाम से हम

फ़लक के दौर में हारे हैं बाज़िये-इक़बाल
अगर च शाह थे, बदतर हैं अब गुलाम से हम

छड़ी उठाई, ख़मोशी से चल दिए अक्बर
सफ़र में रखते नहीं काम टीमटाम से हम

---

1. अंजाम का ख़याल 2. परिचित 3. अँधेरे की तरफ़ 4. साँसों का तार 5. ज़माने का शयन कक्ष 6. सुशोभित होना, सम्मानित होना

साँस लेते हुए भी डरता हूँ
यह न समझें कि आह करता हूँ

बह्रे-हस्ती[1] में हूँ मिसाले-हुब्बा[2]
मिट ही जाता हूँ जब उभरता हूँ

इतनी आज़ादी भी है ग़नीमत है
साँस लेता हूँ बात करता हूँ

शेख़ साहब ख़ुदा से डरते हो
मैं तो अँग्रेज़ों ही से डरता हूँ

आप क्या पूछते हैं मेरा मिज़ाज
शुक्र अल्लाह का है, मरता हूँ

यह बड़ा ऐब मुझमें है 'अकबर'
दिल में जो आए कह गुज़रता हूँ

---

1. अस्तित्व का समुद्र 2. बुलबुले की तरह

फ़लसफ़ी को बह्स के अन्दर ख़ुदा मिलता नहीं
डोर को सुलझा रहा है और सिरा मिलता नहीं

कश्तिए-दिल की इलाही बह्रे हस्ती में हो ख़ैर
नाख़ुदा[1] मिलते हैं लेकिन बाख़ुदा मिलता नहीं

ज़िन्दगानी का मज़ा मिलता था जिनकी बज़्म में
उनकी क़ब्रों का भी अब मुझको पता मिलता नहीं

पुख़्ता तबओं[2] पर हवादिस[3] का नहीं होता असर
कोहसरों[4] में निशाने-नक़्शे पा[5] मिलता नहीं

1. मल्लाह, खेवनहार 2. अनुभवी 3. दुर्घटनाएँ 4. पर्वतों 5. पद्चिन्ह

दलीलें फ़लसफ़ा को नूरे-बातिन[1] कर नहीं सकतीं
कवाकिब[2] की शोआएँ[3] रात को दिन कर नहीं सकतीं

ज़रूरी चीज़ है इक तजरबा भी ज़िन्दगानी में
तुझे यह डिगरियाँ बूढ़ों का हमसिन[4] कर नहीं सकतीं

तलब कर दीन से ऐ मह्वे-नेचर जोशे-बामानी
सदाएँ-मुर्ग़ की कारे मुअज़्ज़िन[5] कर नहीं सकतीं

•

फ़ारसी उठ गई, उर्दू की वह इज़्ज़त न रही
है ज़बाँ मुँह में मगर उसकी वह क़ुव्वत न रही

•

बन्द कर अपनी ज़बाँ, तर्के-सुख़न[6] कर 'अकबर'
अब तेरी बात की दुनिया को ज़रूरत न रही

---

1. अन्तर्आत्मा की ज्योति 2. सितारे 3. किरनें 4. हम उम्र 5. अज़ान देने वाला 6. शायरी या बात करना छोड़ देना

अपना रंग उनसे मिलाना चाहिए
आज कल पीना-पिलाना चाहिए

ख़ूब वह दिखला रहे हैं सब्ज़ बाग़
हमको भी कुछ गुल खिलाना चाहिए

कुछ न हाथ आए मगर इज़्ज़त तो है
हाथ उस मिस से मिलाना चाहिए

मज़हब कभी साइंस को सजदा न करेगा
इंसान उड़ें भी तो ख़ुदा हो नहीं सकते

अज़राहे-ताअल्लुक़[1] कोई जोड़ा करे रिश्ता
अँग्रेज़ तो नेटिव के चचा हो नहीं सकते

नेटिव नहीं हो सकते जो गोरे तो है क्या ग़म
गोरे भी तो बन्दे से ख़ुदा हो नहीं सकते

हम हों जो कलेक्टर तो वह हो जाएँ कमिश्नर
हम उनसे कभी ओहदाबरा[2] हो नहीं सकते

---

1. सम्बन्ध 2. किसी काम को अच्छी तरह पूरा कर लेना

मुल्क में मुझको ज़लील-ओ-ख़्वार रहने दीजिए
आप अपनी इज़्ज़ते-दरबार रहने दीजिए

छोड़ने का मैं नहीं अब आपको ऐ जाने जाँ
है अगर मुझ पर ख़ुदा की मार, रहने दीजिए

खुल गया मुझ पर बहुत हैं आप मेरे ख़ैर ख़्वाह[2]
ख़ैर चन्दा लीजिए, तूमार[3] रहने दीजिए

टेम्ज़ में मुमकिन नहीं नज़्ज़ारये-मौजे-फ़रात
ऐसी ख़्वाहिश को समुन्दर पार रहने दीजिए

---

1. तुच्छ और रुस्वा होना 2. शुभ चिन्तक 3. लम्बी लम्बी बातें

दीन-ओ-मिल्लत की तरक़्क़ी का ख़्याल अच्छा है
अस्ल मज़बूत हो जिसकी वह निहाल[1] अच्छा है

बखुदा हिन्द के पुर्ज़े भी ग़ज़ब ढाते हैं
यह ग़लत है कि विलायत ही का माल अच्छा है

घर के ख़त में है कि कल हो गया चेहलुम उसका
पानियर लिखता है बीमार का हाल अच्छा है

1. पौधा

शेख़ काबे में कलीसा में बृहमन बैठे
हम तो कूचे में तेरे मार के आसन बैठे

शोख़ियाँ शौक़ से कर, मुझको भी लुत्फ़[1] आता है
सच कहा तूने कि निचला मेरा दामन बैठे

हूँ मैं वह रिन्द[2] अगर हश्र[3] में मुल्ज़िम ठहरूँ
फ़ैसले के लिए हूरों का कमीशन बैठे

हिन्द से आपको हिजरत[4] हो मुबारक 'अकबर'
हम तो गंगा ही पे अब मार के आसन बैठे

•

सिधारें शेख़ काबे को, हम इंगलिस्तान देखेंगे
वह देखें घर ख़ुदा का, हम ख़ुदा की शान देखेंगे

तेरी दीवानगी पर रहम आता है हमें 'अकबर'
कोई दिन वह भी होगा हम तुझे इन्सान देखेंगे

---

1. मज़ा 2. शराबी 3. प्रलय 4. अपना वतन छोड़कर कहीं और जा बसना

दम लबों[1] पर था दिलेज़ार के घबराने से
आ गई जान में जाँ आपके आ जाने से

तेरा कूचा[2] न छुटेगा तेरे दीवाने से
उस को काबे से न मतलब है न बुतख़ाने से

शेख़ नाफ़हम[3] हैं करते जो नहीं क़द्र[4] उसकी
दिल फ़रिश्तों के मिले हैं तेरे दीवाने से

मैं जो कहता हूँ कि मरता हूँ तो फ़रमाते हैं
कारे-दुनिया न रुकेगा तेरे मर जाने से

कौन हमदर्द किसी का है जहाँ में 'अकबर'
इक उभरता है यहाँ एक के मिट जाने से

1. होंठों 2. गली 3. नासमझ 4. इज़्ज़त

जान ही लेने की हिकमत[1] में तरक़्क़ी देखी
मौत का रोकने वाला कोई पैदा न हुआ

उसकी बेटी ने उठा रक्खी है दुनिया सर पर
ख़ैरियत गुज़री कि अँगूर के बेटा न हुआ

ज़ब्त से काम लिया दिल ने तो क्या फ़ख्र करूँ
इसमें क्या इश्क़ की इज़्ज़त थी कि रुसवा न हुआ

मुझको हैरत है यह किस पेच में आया ज़ाहिद
दामे-हस्ती[2] में फँसा, ज़ुल्फ़ का सौदा[3] न हुआ

---

1. विधि 2. जीवन रूपी जाल, 3. आशिक़

छिड़ा है राग भौंरे का, हवा की है नई धुन भी
ग़ज़ब है साल के बारह महीनों में यह फागुन भी

यह रंगे-हुस्ने-गुल यह नग़मये-मस्तानए-बुलबुल
इशारा करती है फ़ितरत इधर आ, देख भी, सुन भी

बड़े दर्शन तुम्हारे हो गए राजा की सेवा से
मगर मन का पनपना चाहते हो तो करो पुन भी

ख़ुशी है सब को कि आप्रेशन में ख़ूब नश्तर[1] चल रहा है
किसी को इसकी ख़बर नहीं है मरीज़ का दम निकल रहा है

फ़ना[2] उसी रंग पर है क़ायम, फ़लक वही चाल चल रहा है
शिकस्ता-ओ-मुन्तशिर[3] है वह कल, जो आज साँचे में ढल रहा है

यह देखते ही जो कासये-सर[4], गुरूरे-ग़फ़लत[5] से कल था ममलू[6]
यही बदन नाज़ से पला था जो आज मिट्टी में गल रहा है

समझ हो जिसकी बलीग़[7] समझे, नज़र हो जिसकी वसीअ[8] देखे
अभी यहाँ ख़ाक भी उड़ेगी जहाँ यह क़ुल्ज़ुम[9] उबल रहा है

कहाँ का शर्क़ी[10] कहाँ का ग़र्बी[11] तमाम दुख सुख है यह मसावी[12]
यहाँ भी इक बामुराद ख़ुश है, वहाँ भी इक ग़म से जल रहा है

उरूजे-क़ौमी ज़वाले-कौमी,[13] ख़ुदा की क़ुदरत के हैं करिश्मे
हमेशा रद्द-ओ-बदल के अन्दर यह अम्र पोलिटिकल रहा है

मज़ा है स्पीच का डिनर में, ख़बर यह छपती है पॉनियर में
फ़लक की गर्दिश[14] के साथ-ही-साथ काम यारों का चल रहा है

---

1. काँटा 2. लुप्त हो जाना 3. टूटा हुआ और बिखरा हुआ 4. सर का प्याला 5. अज्ञान का घमण्ड 6. भरा हुआ 7. अर्थपूर्ण 8. फैला हुआ 9. समुन्दर 10. पूर्वी 11. पश्चिमी 12. बराबर क़ौम का उत्थान और पतन 14. आसमान का चक्कर या फेरा

आपसे बेहद मुहब्बत है मुझे
आप क्यों चुप हैं यह हैरत है मुझे

शायरी मेरे लिए आसाँ नहीं
झूठ से वल्लाह नफ़रत है मुझे

रोज़े-रिन्दी[1] है नसीबे-दीगराँ[2]
शायरी की सिर्फ़ क़ूवत है मुझे

नग़मये-योरप से मैं वाक़िफ़ नहीं
देस ही की याद है बस गत मुझे

दे दिया मैंने बिलाशर्त उन को दिल
मिल रहेगी कुछ न कुछ क़ीमत मुझे

---

1. शराब पीने का दिन 2. दूसरों की क़िस्मत में

हिन्द में तो मज़हबी हालत है अब नागुफ़्ता बेह[1]
मोलवी की मोलवी से रूबकारी[2] हो गई

इक डिनर में खा गया इतना कि निकली तन से जान
ख़िदमते-क़ौमी में बारे जांनिसारी[3] हो गई

अपने सैलाने-तबीयत[4] पर जो की मैने नज़र
आप ही अपनी मुझे बेएतबारी हो गई

नज्द[5] में भी मग़रिबी तालीम जारी हो गई
लैला-ओ-मजनूँ में आख़िर फ़ौजदारी हो गई

---

1. जिसका ना कहना ही बेहतर हो, 2. जान पहचान 3. जान क़ुर्बान करना 4. तबीयत की आवारा गर्दी 5. अरब के एक जंगल का नाम जहाँ मजनू मारा मारा फिरता था

बेपर्दा कल जो आईं नज़र चन्द बीबियाँ
'अकबर' ज़मीं में ग़ैरते क़ौमी से गड़ गया

पूछा जो उनसे आपका पर्दा वह क्या हुआ
कहने लगीं कि अक़्ल पे मर्दों की पड़ गया

•

भूलता जाता है योरप आसमानी बाप को
बस ख़ुदा समझा है उसने बर्क़[1] को और भाप को

बर्क़ गिर जाएगी इक दिन और उड़ जाएगी भाप
देखना 'अकबर' बचाए रखना अपने आपको

---

1. बिजली

कहता हूँ मैं हिन्दू-ओ-मुसलमाँ से यही
अपनी अपनी रविश[1] पे तुम नेक रहो
लाठी है हवाए-दह्र[2] पानी बन जाओ
मौजों[3] की तरह लड़ो मगर एक रहो

✡

हर चन्द कि कोट भी है पतलून भी है
बँगला भी है पॉट भी है साबून भी है

•

लेकिन यह मैं तुझसे पूछता हूँ हिन्दी[4]
योरप का तेरी रगों में कुछ ख़ून भी है

•

1. ढंग, रास्ता 2. ज़माने की हवा 3. लहरों 5. ऐ भारतीय

जलवये दरबारे-देहली

सर में शौक़ का सौदा देखा
देहली को हमने भी जा देखा
जो कुछ देखा अच्छा देखा

जमना जी के पाट को देखा
अच्छे सुथरे घाट को देखा
सब से ऊँचे लाट को देखा
हज़रत ड्यूक कनाट को देखा

पलटन और रिसाले देखे
गोरे देखे काले देखे
संगीने और भाले देखे
बैंड बजाने वाले देखे

ख़ेमों का इक जंगल देखा
उस जंगल में मंगल देखा
ब्रह्मा और वरंगल देखा
इज़्ज़त-ख़्वाहों का दंगल देखा

सड़कें थीं हर कम्प से जारी
पानी था हर पम्प से जारी
नूर की मौजें लम्प से जारी
तेज़ी थी हर जम्प से जारी

डाली में नारंगी देखी
महफ़िल में सारंगी देखी
बैंरगी बारंगी देखी
दहर[1] की रंगा रंगी देखी

अच्छे अच्छों को भटका देखा
भीड़ में खाते झटका देखा
मुँह को अगरचे लटका देखा
दिल दरबार से अटका देखा

हाथी देखे भारी भरकम
उनका चलना कम कम थम थम
ज़र्री[2] झोलें नूर का आलम
मीलों तक वह चम चम चम चम

पुर था पहलूए–मजिस्दे-जामे[3]
रोशनियाँ थीं हर सू लामे[4]
कोई नहीं था किसी का सामे[5]
सब के सब थे दीद के तामे[6]

सुर्ख़ी सड़क पर कुटती देखी
साँस भी भीड़ में घुटती देखी
आतिश्बाज़ी छुटती देखी
लुत्फ़ की दौलत लुटती देखी

चौकी इक चौलक्खी देखी
ख़ूब ही चक्खी पक्खी देखी
हर सू नेमत[7] रक्खी देखी
शहद और दूध की मक्खी देखी

एक का हिस्सा मन-ओ-सलवा
एक का हिस्सा थोड़ा हलवा
एक का हिस्सा भीड़ और बलवा
मेरा हिस्सा दूर का जलवा

औज[8] ब्रिटिश राज का देखा
परतव[9] तख़्त-ओ-ताज का देखा
रंगे ज़माना आज का देखा
रुख़ कर्ज़न महराज का देखा

---

1. दुनिया, ज़माना 2. सुनहरा 3. जामा मस्जिद के आस-पास भीड़ थी 4. झमा-झम कर रही थीं 5. सुनने वाला 6. इच्छुक 7. खाने की अच्छी चीज़ें 8. बुलन्दी 9. अक्स, साया

पहुँचे फाँद के सात समन्दर
तहत[1] में उनके बीसों बन्दर
हिकमत-ओ-दानिश[2] उनके अन्दर
अपनी जगह हर एक सिकन्दर

औजे-बख़्त-मुलाक़ी[3] उन का
चर्ख़े-हफ़्त तबाक़ी[4] उन का
महफ़िल उनकी साक़ी उन का
आँखें मेरी बाक़ी उन का

हम तो उनके ख़ैर-तलब[5] हैं
हम क्या ऐसे सब के सब हैं
उनके राज के उम्दा ढब हैं
सब सामाने ऐश-ओ-तरब[6] हैं

एग्ज़िबीशन की शान अनोखी
हर शय[7] उम्दा हर शय चोखी
ओक़्लीदस[8] की नापी जोखी
मन भर सोने की लागत सोखी

---

1. गहराई में 2. बुद्धिमत्ता और ज्ञान 3. भाग्य की ऊँचाई 4. सात परत वाला आसमान 5. शुभचिन्तक 6. हँसी ख़ुशी 7. हर चीज़ 8. रेखा गणित

जश्ने अज़ीम[1] इस साल हुआ है
शाही फ़ोर्ट बाल हुआ है
रौशन हर इक हाल हुआ है
किस्सये माज़ी-हाल[2] हुआ है

है मश्हूरे कूच-ओ-बर्ज़न
बाल में नाचें लेडी कर्ज़न
तायरे-होश[3] थे सबके परज़न
रश्क से देख रही थी हरज़न

हाल में चमकें आके यकायक
ज़र्रीं थी पोशाक झकाझक
महव[4] था उनका औजे-समाँ[5] तक
चर्ख़[6] पे ज़हरा उनकी थी गाहक

गो रक़्क़ासये-औजे-फ़लक[7] थी
उसमें कहाँ यह नोक पलक थी
इन्दर की महफ़िल की झलक थी
बज़्मे-इशरत[8] सुबह तलक थी

1. महान 2. भूतकाल और वर्तमान 3. होश का पक्षी 4. खोया हुआ 5. आसमान की ऊँचाई भी उनमें खोई हुई थी 6. आसमान 7. ऊँचे आसमानों की नर्तकी 8. आनन्द की सभा

की है बन्दिश ज़हे रसा[1] ने
कोई माने ख़्वाह[2] न माने
सुनते हैं हमतो यह अफ़साने[3]
जिसने देखा हो वह जाने

1. तेज़ दिमाग़ 2. चाहे 3. कहानियाँ

क़ता

खुदा हाफ़िज़ मुसलमानों का 'अकबर'
मुझे तो उनकी खुश्हाली से है यास

यह आशिक़ शाहिदे-मक़्सूद[1] के हैं
न जाएँगे व लेकिन सई[2] के पास

सुनाऊँ तुमको इक फ़र्ज़ी लतीफ़ा
किया है मैंने जिसको ज़ेबे-क़रतास[3]

कहा मजनूँ से यह लैला की माँ ने
कि बेटा तू अगर कर ले एम.ए. पास

तो फ़ौरन ब्याह दूँ लैला को तुझसे
बिला दिक़्क़त मैं बन जाऊँ तेरी सास

कहा मजनूँ ने यह अच्छी सुनाई
कुजा[4] आशिक़, कुजा कॉलेज की बकवास

कुजा यह फ़ितरती[5] जोशे-तबीयत
कुजा ठूँसी हुई चीज़ों का अहसास

बडी बी आपको क्या हो गया है
हिरन पर लादी जाती है कहीं घास

यह अच्छी क़द्रदानी आपने की
मुझे समझा है कोई हरचरनदास

दिल अपना ख़ून करने को हूँ मौजूद
नहीं मंजूर मग्ज़े सर[6] का आभास

यही ठहरी जो शर्ते-वस्ले-लैला[7]
तो इस्तीफ़ा मेरा बाहस्रत-ओ-यास[8]

---

1. जिसकी हमें तलब रही हो 2. कोशिश 3. कागज़ पर सजा हुआ 4. कहाँ 5. स्वाभाविक/ 6. क़द्र करना 7. लैला से मिलन की शर्त 8. अफ़सोस और मायूसी के साथ

बिठाई जाएँगी पर्दे में बीबियाँ कब तक
बने रहोगे तुम इस मुल्क में मियाँ कब तक

हरम-सरा[1] की हिफ़ाज़त को तेग़[2] ही न रही
तो काम देंगी यह चिलमन की तितलियाँ कब तक

मियाँ से बीबी हैं, पर्दा है उनको फ़र्ज़ मगर
मियाँ का इल्म ही उट्ठा तो फिर मियाँ कब तक

तबीयतों का नमू[3] है हवाए-मग़रिब[4] में
यह ग़ैरतें,[5] यह हरारत[6], यह गर्मियाँ कब तक

अवाम[7] बाँध लें दोहर को थर्ड-वो-इंटर में
सिकण्ड-ओ-फर्स्ट की हों बन्द खिड़कियाँ कब तक

जो मुँह दिखाई की रस्मों पे है मुसिर[8] इब्लीस
छुपेंगी हज़रतें-हव्वा की बेटियाँ कब तक

जनाबे हज़रते 'अकबर' हैं हामिए-पर्दा[9]
मगर वह कब तक और उनकी रुबाइयाँ कब तक

---

1. भवन का वह भाग जहाँ स्त्रियाँ रहती हों 2. तलवार 3. उठान 4. पश्चिम 5. हयादारी 6. गर्मी 7. जन्ता 8. ज़िद करना 9. पर्दे का समर्थन करने वाला

हस्ती के शजर[1] में जो यह चाहो कि चमक जाओ
कच्चे न रहो बल्कि किसी रंग में पक जाओ

मैंने कहा क़ायल मैं तसव्वुफ़[2] का नहीं हूँ
कहने लगे इस बज़्म में जाओ तो थिरक जाओ

मैंने कहा कुछ ख़ौफ़[3] कलेक्टर का नहीं है
कहने लगे आ जाएँ अभी वह तो दुबक जाओ

मैंने कहा वर्ज़िश[4] की कोई हद भी है आख़िर
कहने लगे बस इसकी यही हद है कि थक जाओ

मैंने कहा अफ़्कार[5] से पीछा नहीं छुटता
कहने लगे तुम जानिबे मयख़ाना लपक जाओ

मैंने कहा 'अकबर' में कोई रंग नहीं है
कहने लगे शेर उसके जो सुन लो तो फड़क जाओ

---

1. पेड़ 2. इस्लामी अध्यात्मवाद 3. डर 4. कसरत 5. विचार

तअज्जुब से कहने लगे बाबू साहब
गौरमेन्ट[1] सइयद पे क्यों मेहरबाँ है

उसे क्यों हुई इस क़दर कामियाबी
कि हर बज़्म[2] में बस यही दास्ताँ[3] है

कभी लाट साहब हैं मेहमान उसके
कभी लाट साहब का वह मेहमाँ[4] है

नहीं है हमारे बराबर वह हरगिज़
दिया हमने हर सीगे़[5] का इम्तहाँ है

वह अँग्रेज़ी से कुछ भी वाक़िफ़[6] नहीं है
यहाँ जितनी इंगलिश है सब बरज़बाँ[7] हैं

कहा हँस के 'अकबर' ने ऐ बाबू साहब
सुनो मुझसे जो रम्ज़[8] उसमें निहाँ[9] हैं

नहीं है तुम्हें कुछ भी सइयद से निस्बत[10]
तुम अँग्रेज़ीदाँ हो वह अँग्रेज़दाँ है

---

1. गवर्नमेन्ट 2. सभा 3. कथा 4. अतिथि 5. हर सतह का, हर तरह का 6. परिचित 7. ज़बान पर 8. रहस्य 9. छुपा हुआ 10. सम्बन्ध

क़तूआत

कान्फ़्रेन्स अहबाब[1] से पुर है
जो सफ़[2] है वह सिल्के-दुर[3] है
सब को याद उस्ताद का गुर है
दिलकश[4] हर इस्पीच का सुर है

क़ौमी तरक़्क़ी की राधा प्यारी
बैठी है पहने जोड़ा भारी
नौ मन तेल की फ़िक्र है तारी
चन्दे की तहसील है जारी

क़ौम पे ग़ालिब[5] कोर्ट के अम्ले[6]
अम्ले ठहरे पार्क के गमले
फिर यह चन्दा क्यों कर दम ले
कितना ही ले कोई फिर भी कम ले

लाई हैं सखियाँ भर कर झोली
ख़ूब खेली है बृज में होली
रंग में डूबी है सब की चोली
सब ने ज़बाँ इस गीत पे खोली

---

1. मित्रों 2. क़तार 3. मोती की लड़ी 4. आकर्षक 5. छाया हुआ 6. कर्मचारी

शेख़ को उल्फ़त[1] हो गई मिस की
ख़ूब पिए अब शौक़ से व्हिस्की
अगली दुनिया दह्र[2] से खिसकी
बैठा कौन है शर्म है किसकी

जमा हैं मेम्बर भोले भाले
जाड़ों का मौसम फूले फाले
आँखें फाड़े दाँत निकाले
चन्दा देकर फँसने वाले

बाज़[3] हैं बाद-ओ-जाम[4] के ख़्वाहाँ[5]
बाज़ नमूद-ओ-नाम[6] के ख्वाहाँ
बाज़ फ़क़त[7] आराम के ख्वाहाँ
कम हैं फ़ैज़े-आम[8] के ख्वाहाँ

मुद्दइयाने रौनक़े'दीं[9] हैं
लेकिन बाहम[10] बरसरे-कीं[11] हैं
वाक़िफ फ़न-ओ-हुनर[12] से नहीं हैं
कम हैं उनमें जो आख़िर-बीं[13] हैं

1. प्रेम 2. दुनिया, ज़माना 3. कोई, कुछ लोभ 4. शराब और प्याला 5. इच्छुक 6. दिखावे के और नाम के 7. केवल 8. जन्ता की भलाई 9. धर्म की शोभा के दावेदार 10. आपस में 11. एक-दूसरे की तरफ़ से दिल में मैल रखने वाले 12. कला और हुनर 13. नतीजे को देखने वाला

हरदम क़ौम का रोना क्या है
इन बातों से होना क्या है
मुफ़्त में रुपया खोना क्या है
शोर ज़मीं[1] में बोना क्या है

देख के इक बाज़ब्ता[2] भटकी!
दुनिया आपकी जानिब[3] लपकी
आपने सब की दौलत हप की
बज़्म[4] जमा ली ख़ाली गप की

यह वादी है तूर[5] से ख़ाली
यह महफ़िल है नूर से ख़ाली
यह जन्नत है हूर[6] से ख़ाली
पास से ख़ाली दूर से ख़ाली

देखता है इक उम्र से बन्दा
बस यही बातें और यही फन्दा
होता है कुछ काम न धन्दा
लाओ चन्दा लाओ चन्दा

---

1. बंजर ज़मीन 2. नियमित रूप से 3. तरफ़ 4. सभा 5. वह पहाड़ जहाँ हज़रत मूसा ने ईश्वर का जलवा देखा 6. स्वर्ग की अप्सरा

सइयद का जो अह्दे-मिशन[1] था
इस सिक्के का ठीक चलन था
हस्बे-ज़रूरत[2] तर्ज़े-सुख़न[3] था
वक़्त वह और था और ही सन था

बिगड़ा देखा बेटा भतीजा
एक का चहलुम[4] एक का तीजा
दिल कहता है बात को पी जा
साकित[5] हो दिखला के नतीजा

भाइयों पर मुँह आए जाना
गाये गीत को गाए जाना
अगला क़िस्सा सुनाए जाना
उतरा ढोल बजाए जाना

बैठे रोते हैं जिनके लड़के
दौड़ते हैं बंगलों पर तड़के[6]
दिल में यही रहते हैं धड़के
मार न बैठे कोई बिगड़ के

---

1. उद्देश्य 2. आवश्यकतानुसार 3. बात करने का ढंग 4. चहल्लुम 5. ठहरा हुआ 6. सुबह सवेरे

क्यों रंगे-हक़-पोश[1] में आओ
ग़ैरत[2] पकड़ो जोश में आओ
मज़हब के आग़ोश[3] में आओ
ग़ाफ़िल[4] बन्दो होश में आओ

एक अँग्रेज़ ने बात यह कह दी
जिसने तरक़्क़ी वह दी यह दी
इस बाज़ी की हमीं ने शह[5] दी
कैसे सइयद कैसे मेहदी

गर्मियों में बच्चों का थकाना
शहरों शहरों भीक मँगाना
और उस पर यह बात बताना
मुफ़लिस लड़कों का होगा ठिकाना

आप कहें मायूब[6] नहीं है
हमको तो मर्ग़ूब[7] नहीं है
उम्दा यह अस्लूब[8] नहीं है
हाँ यह तरीक़ा ख़ूब नहीं है

1. सच को छुपाने वाला रंग 2. हया 3. गोद 4. भूला हुआ, अज्ञानी 5. उकसाया 6. अनुचित 7. पसन्द 8. शैली

इससे बिगड़ती है क़ौमी हालत
जाती रहती है शर्म की ख़स्लत[1]
कहते हो होगी जो यह जमीअत[2]
होगा मेल बढ़ेगी उल्फ़त

तड़पोगे जितना जाल के अन्दर
जाल घुसेगा खाल के अन्दर
क्या हुआ तीस ही साल के अन्दर
ग़ौर करो इस हाल के अन्दर

काम बहुत है लोकल-ओ-ज़ाती[4]
इनकी फ़िक्र तो की नहीं जाती
मुफ़्त में बच्चों को कर के बराती
क़ौम की गाते हैं भाई वफ़ाती

कीना[5] हमको है न हसद[6] है
दिल में ज़िद है न कोई कद[7] है
लेकिन य़ड़ इर्शादे-ख़िरद[8] है
भाई हर शय[9] की इक हद है

1. आदत, स्वभाव 2. संगठन 3. प्यार 4. लोकल और निजी 5. किसी की तरफ़ से दिल मैल रखना 6. ईर्ष्या 7. चिढ़ 8. बुद्धिमत्ता का आदेश 9. चीज़

आज़ादी की पी के ब्रांडी
आप चलाते हैं डंडा बाँडी
गाता है क़ौमी किश्ती का डाँडी
मकतब[1] गर्म है सर्द है हाँडी

बज़्म इज़ा[2] में क्यों न हो शिर्कत
जिस से हो दिल में पैदा इबरत[3]
सूफ़ियों की क्यों ढूँढें न सोहबत
क़ल्ब[4] को जिससे पहुँचे फ़रहत[5]

यह बेमानी मजलिस[6] कैसी
यह नाहक़ की घिसघिस कैसी
यह बेहुक्म की आफ़िस कैसी
बात यह सट्रम पोइस कैसी

हो गया अक़्ल में कौन इज़ाफ़ा[7]
ख़ुश्बू फैली न देखा नाफ़ा[8]
देख लिया यारों का क़याफ़ा[9]
पाया बस खुशरंग लिफ़ाफ़ा

---

1. पाठशाला 2. मातम 3. सीख 4. दिल 5. ठण्डक 6. सभा 7. बढ़ौत्री 8. हिरन की नाभि जहाँ से कस्तूरी निकलती है 9. सूरत देखकर दिल का हाल जानना

क़ौम से उस की गाढ़ी कमाई
आपने फ़िक़रा[1] दे के उड़ाई
और वह यूँ बेसूद गँवाई
शाहे-लन्दन तेरी दुहाई

दौड़ाओ तदबीर के रेशे
क़ौम में फैलें फ़न[2] और पेशे
सन्नाई[3] के चलावो तेशे[4]
ताकि कटें इफ़्लास[5] के बेशे

तुम हो फ़िक्रे-जाह[6] में उल्झे
शोहरत-ओ-शान की चाह में उल्झे
नाफ़हमों[7] की वाह में उल्झे
दिल क्योंकर अल्लाह में उल्झे

ख़ालिक़[8] की तौहीद[9] सिखाओ
उक़्बें[10] की तम्हीद[11] सिखाओ
मुल्हिद[12] की तरदीद[13] सिखाओ
रूहानी उम्मीद सिखाओ

---

1. एक कथन, एक वाक्य 2. कला 3. कारीगरी 4. कुदाल 5. ग़रीबी 6. सम्मान की चिन्ता 7. नासमझों 8. जन्मदाता 9. अद्वैतवाद 10. परलोक 11. आरम्भ 12. जो ईश्वर में विश्वास न रखे 13. रद्द करना

मज़हब की तालीम ज़बानी
तोता मैना की है कहानी
मुल्ला जो ख़ुद हो न हक़्क़ानी[1]
फिर तो मकतब है शैतानी

जब हों गुरुजी ख़ुद अलबेले
ख़ूब रचाएँ मेले ठेले
राह पर आएँ क्यों कर चेले
मन्दिर में क्यों जाएँ अकेले

अगुआ ख़ुद जब हक़ से हो ग़ाफ़िल[2]
दुनिया ही दुनिया दिल में हो दाख़िल
साथी क्यों न चले रहे-बातिल[3]
क्यों कर दीन हो उनको हासिल

जिसने ख़ेमा यहाँ पर गाड़ा
उसको मुबारक हो यह अखाड़ा
लेकिन क़ौम को क्यों है पछाड़ा
इस नग़मे पे गला क्यों फाड़ा

---

1. खुदा में यकीन रखने वाला 2. अंजान 3. झूठ का रास्ता, अँधेरे का मार्ग

इनायत मुझ पे फरमाते हैं शेख़-ओ-बिरहमन दोनों
मवाफ़िक़ अपने अपने पाते हैं मेरा चलन दोनों

तराने मेरे हम आहंगे-दैर-ओ-काबा[1] हैं यकसां
ज़बाँ पर मेरी मौज़ूं[2] होती है हम्द और भजन दोनों

मुझे होटल भी खुश आता है और ठाकुर द्वारा भी
तबर्रुक है मेरे नज़दीक परशाद-ओ-मटन दोनों

---

1. मन्दिर मस्जिद दोनों से हम आहंग 2. गीत में ढलना 3. प्रशाद

न कुछ इन्तेज़ारे-गज़ट कीजिए
जो अफ़्सर कहे बस वह झट कीजिए

कहाँ का हलाल और कैसा हराम
जो साहब खिलाएँ वह चट कीजिए

सिखाते हैं तक़लीदे-इंगलिश[1] जो आप
कहीं मुफ़लिसों[2] को न पट कीजिए

बहुत शौक़ अँग्रेज़ बनने का है
तो चेहरे पे अपने गिलट कीजिए

अजल[3] आई 'अकबर' गया वक़्ते बह्स
अब इफ़[4] कीजिए और न बट[5] कीजिए

---

1. अँग्रेज़ी का अनुकरण 2. ग़रीबों 3. मौत 4. EF 5. But

छोड़ लिट्रेचर को अपनी हिस्ट्री को भूल जा
शेख़-ओ-मस्जिद से तअल्लुक़[1] तर्क कर, स्कूल जा

चार दिन की ज़िन्दगी है, कोफ़्त से क्या फ़ायदा
खा डबल रोटी, क्लर्की कर, ख़ुशी से फूल जा

•

अज़ानों से सिवा बेदार कुन[2] इंजन की सीटी है
इसी पर शेख़ बेचारे ने छाती अपनी पीटी है

कहाँ बाक़ी रहे हम में वह अवरादे-सह्र गाही[3]
वज़ीफ़े की जगह या पानियर या आई.टी.टी. है

गए शरबत के दिन यारों के आगे अब तो ऐ 'अकबर'
कभी सोडा कभी लिमनेड कभी व्हिस्की कभी टी है

---

1. सम्बन्ध 2. जगाने वाला 3. सुबह को पढ़े जाने वाले मन्त्र और वज़ीफ़े

आँखें मुझे तलवों से वह मलने नहीं देते
अरमान मेरे दिल का निकलने नहीं देते

ख़ातिर से तेरी याद को टलने नहीं देते
सच है कि हमीं दिल को सँभलने नहीं देते

किस नाज़ से कहते हैं वह झुंझला के शबे-वस्ल[1]
तुम तो हमें करवट भी बदलने नहीं देते

पर्वानों ने फ़ानूस को देखा तो यह बोले
क्यों हम को जलाते हो कि जलने नहीं देते

हैरान हूँ किस तरह करूँ अर्ज़े-तमन्ना[2]
दुश्मन को तो पहलू से वह टलने नहीं देते

दिल वह है कि फ़रियाद से लबरेज़[3] है हर वक़्त
हम वह हैं कि कुछ मुँह से निकलने नहीं देते

गर्मीए-मुहब्बत में वह हैं आह से माने[4]
पंखा नफ़से-सर्द[5] का झलने नहीं देते

---

1. मिलन की रात 2. अपनी कामना ज़ाहिर करना 3. भरा हुआ 4. रुके हुए 5. ठण्डी साँस

हुस्न देखो बुताने-काशी[1] का
चेहरा है चाँद पूर्नमाशी का

चश्मे तर[2] देख कर वह मिस बोली
महकमा है यह आबपाशी[3] का

आपकी मत्न[4] वाह सल्ले अला
सारा क़ितना है इन हवाशी[5] का

हो गया फ़ेल इम्तहानों में
अब इरादा है बदमआशी का

1. काशी के बुत (सुन्दरियाँ) 2. भीगी आँख 3. सिंचाई 4. लिखित सामग्री 5. हाशियों

हर क़दम कहता है तू आया है जाने के लिए
मंज़िले-हस्ती[1] नहीं है दिल लगाने के लिए

क्या मुझे ख़ुश आए यह हैरत-सराए-बेसबात[2]
होश उड़ने के लिए है, जान जाने के लिए

दिल ने देखा है बिसाते-क़ूवते-इदराक[3] को
क्या बढ़ें इस बज़्म में आँखें उठाने के लिए

ख़ूब उम्मीदें बँधी लेकिन हुईं हिरमाँ-नसीब[4]
बदलियाँ उट्ठीं मगर बिजली गिराने के लिए

साँस की तरकीब पर मिट्टी को प्यार आ ही गया
ख़ुद हुई क़ैद उसको सीने से लगाने के लिए

जब कहा मैंने भुला दो ग़ैर को, हँस कर कहा
याद फिर मुझको दिलाना भूल जाने के लिए

दीदाबाज़ी[5] वह कहाँ, आँखें रहा करती हैं बन्द
जान ही बाक़ी नहीं सब दिल लगाने के लिए

मुझको ख़ुश आई है मस्ती, शेख़जी को फ़र्बही[6]
मैं हूँ पीने के लिए और वह हैं खाने के लिए

अल्ला अल्ला के सिवा आख़िर रहा कुछ भी न याद
जो किया था याद, सब था भूल जाने के लिए

सुर कहाँ के, साज़ कैसा, कैसी बज़्मे-सामई[7]
जोशे-दिल काफ़ी है 'अकबर' तान उड़ाने के लिए

---

1. अस्तित्व की मंज़िल 2. यह अजीब दुनिया जिसे हमेशा बाक़ी नहीं रहना है 3. समझने बूझने की शक्ति 4. जिसके भाग्य में दुख हो 5. नज़र बाज़ी 6. मुटापा 7. श्राताओं की सभा

इस अंजुमन[1] में आकर राहत[2] नसीब किसको
पर्वाना भी जलेगा और शम्अ भी जलेगी

दुनिया उभारती है आज अपने आशिक़ों को
मर जाएँगे तो उनका कल नाम भी न लेगी

दुनिया की आरज़ू से ख़ालिक़[3] बचाए दिल को
पैदा हुई तो पीकर ख़ूने जिगर[4] पलेगी

इब्रतज़दह[5] जो दिल हो अरमान उसमें कैसे
बिजली गिरी हो जिस पर, वह शाख़ क्या फलेगी

जन्नत बना सकेगा हरगिज़ कोई न उसको
दुनिया यूँही चली है 'अकबर' यूँही चलेगी

---

1. महफ़िल 2. आरमा 3. पैदा करने वाला 4. जिगर का ख़ून 5. जिससे सबक़ मिल चुका हो

हो न रंगीन तबीयत भी किसी की यारब
आदमी को यह मुसीबत में फँसा देती है

निगहे-लुत्फ़[1] तेरी बादे-बहारी[2] है मगर
गुंचए-ख़ातिरे-आशिक़[3] को खिला देती है

●

मौत आई इश्क़ में तो हमें नींद आ गई
निकली बदन से जान तो काँटा निकल गया

बाज़ारे-मग़रिबी[4] की हवा से खुदा बचाए
मैं क्या, महाजनों का दिवाला निकल गया

---

1. मेहरबानी की नज़र 2. बसंतऋतु की हवा 3. आशिक़ के दिल की कली 4. पश्चिमी बाज़ार

फिर गई आपकी दो दिन में तबीयत कैसी
यह वफ़ा कैसी थी, साहब! यह मुरव्वत कैसी

दोस्त अहबाब से हँस बोल के कट जाएगी रात
रिन्दे-आज़ाद[1] हैं, हमको शबे-फुर्क़त[2] कैसी

जिस हसीं से हुई उल्फ़त[3] वही माशूक़ अपना
इश्क़ किस चीज़ को कहते हैं, तबीयत कैसी

है जो क़िस्मत में वही होगा, न कुछ कम, न सिवा
आरजू कहते हैं किस चीज़ को, हसरत कैसी

हाल खुलता नहीं कुछ दिल के धड़कने का मुझे
आज रह रह के भर आती है तबीयत कैसी

कूचये-यार[4] में जाता तो नज़ारा करता
क़ैस आवारा है जंगल में, यह वहशत[5] कैसी

---

1. आज़ाद पीने वाले 2. विरह की रात 3. मुहब्बत 4. महबूब की गली 5. उल्झन, दीवानगी

अजल[1] की नींद आ जाती है आख़िर सुनने वालों को
क़यामत का असर पाता हूँ दुनिया की कहानी में

हुबाब[2] अपनी ख़ुदी[3] से बस यही कहता हुआ गुज़रा
तमाशा था हवा ने इक गिरह दे दी थी पानी में

न पूछ ऐ हमनशीं[4] वह क़िस्सये-ऐश-ओ-तरब[5] हमसे
किसे अब याद है इक ख़्वाब देखा था जवानी में

काम कोई मुझे बाक़ी नहीं मरने के सिवा
कुछ भी करना नहीं अब कुछ भी न करने के सिवा

हसरतों का भी मेरी तुम कभी करते हो ख़याल
तुमको कुछ और भी आता है सँवरने के सिवा

---

1. मौत 2. बुलबुला 3. अहंकार 4. साथी 5. ऐश और आराम का क़िस्सा

रोज़-अफ़्ज़ूँ[1] हो मुहब्बत वह मुलाक़ात अच्छी
शौक़ मिलने का बढ़ाती रहे वह बात अच्छी

मौक़ये-बह्स नहीं साहिबे-इक़बाल[2] हैं आप
मेरी हर बात बुरी, आप की हर बात अच्छी

बारे-ख़ातिर[3] हो तो वाएज़[4] का भी इर्शाद[5] बुरा
दिल को भा जाए तो 'अकबर' की खुराफात अच्छी

तहज़ीब के ख़िलाफ़ है जो लाये राह पर
अब शायरी वह है जो उभारे गुनाह पर

क्या पूछते हो मुझसे कि मैं खुश हूँ या मलूल[6]
यह बात मुन्हसिर[7] है तुम्हारी निगाह पर

---

1. रोज़ बढ़ने वाली 2. क़िस्मत वाला 3. दिल पर बोझ 4. उपदेशक 5. कथन 6. उदास 7. निर्भर

परागन्दा[1] बहुत है दिल मेरा दुनिया के धन्दों से
छुड़ा दे मुझको यारब नौकरी के सख़्त फन्दों से

गुलामाना तरीक़ों पर मुझे मजबूर करते हैं
ख़ुदाया बे नियाज़ी[2] दे मुझे इन ख़ुद पसन्दों[3] से

मुसलमानों की ख़ुशहाली की बेशक धुन है सइयद को
मगर यह काम निकलेगा न लेक्चर से न चन्दों से

दुरुस्ती तख़्त-ओ-इज़्ज़त की कहाँ अब कील काँटों में
तवक़्क़ो[4] शहसवारी की न रक्खो नाल बन्दों से

कुजा[5] वह गेसुये–मुश्की[6] कुजा यह ढीली इस्पीचें
दिले-वहशीये-अकबर[7] फँस चुका ऐसी कमन्दों से

---

1. बिखरा हुआ, परीशान 2. निश्चिन्त रहने की शक्ति 3. अपने आप से प्रेम करने वाले
4. उम्मीद 5. कहाँ 6. ख़ुश्बूदार ज़ुल्फ़ें 7. अकबर का दीवाना दिल

मुँह देखते हैं हज़रत, अहबाब पी रहे हैं
क्या शेख़ इस लिए अब दुनिया में जी रहे हैं

मैंने कहा जो उस से ठुकरा के चल न ज़ालिम
हैरत में आके बोला क्या आप जी रहे हैं

अहबाब उठ गए सब अब कौन हमनशीं हो
वाक़िफ़ नहीं हैं जिन से बाक़ी वही रहे हैं

•

हम कब शरीक होते हैं दुनिया की जंग में
वह अपने रंग में है हम अपनी तरंग में

मफ़्तूह[1] हो के भूल गए शेख़ अपनी बह्स
मन्तिक़[2] शहीद हो गई मैदाने जंग में

1. पराजित 2. तर्क

हुनर से भी क़वायद हमको हासिल हो नहीं सकते
सबब यह है कि हम आपस में यक दिल हो नहीं सकते

हुकूमत एशिया पर क़िस्मते-मग़रिब में है जब तक
कमालात उसके जो हैं हमको हासिल हो नहीं सकते

●

अफ़्सोस है गुल्शन ख़िज़ाँ[1] लूट रही है
शाख़े-गुले-तर[2] सूख के अब टूट रही है

इस क़ौम से वह आदते-देरीनये-ताअत[3]
बिलकुल नहीं छूटी है मगर छूट रही है

1. पतझड़ 2. ताज़ा फूल की टहनी 3. गुलामी की पुरानी आदत

गर्दन रिफ़ार्मर की हर इक सम्त[1] तन गई
बिगड़ी हो क़ौम-ओ-मुल्क की, उनकी तो बन गई

लड़के नए तरीक़ की जानिब जो खिंच गए
बूढ़ों की आह जानिबे-चर्खे़-कुहन[2] गई

•

दिन रात की यह बेचैनी है, यह आठ पहर का रोना है
आसार बुरे हैं फ़ुर्क़त[3] में, मालूम नहीं क्या होना है

तरकीब-ओ-तकल्लुफ़ लाख करो फ़ितरत नहीं छुपती ऐ 'अकबर'
जो मिट्टी है वह मिट्टी है, जो सोना है वह सोना है

---

1. तरफ़ 2. बूढ़े आकाश की ओर 3. जुदाई

ग़म क्या जो आसमान है मुझसे फिरा हुआ
मेरी नज़र से ख़ुद है ज़माना घिरा हुआ

मग़रिब ने ख़ुर्दबीं[1] से कमर उनकी देख ली
मश्रिक़ की शायरी का मज़ा किरकिरा हुआ

•

उससे तो इस सदी में नहीं हम को कुछ ग़रज़
सुक़रात बोले क्या और अरस्तू ने क्या कहा

बह्‌रे ख़ुदा[2] जनाब यह दें हमको इत्तेला
साहब का क्या जवाब था, बाबू ने क्या कहा

---

1. सूक्ष्मदर्शी 2. ख़ुदा के लिए

ख़ैर उनको कुछ न आए फाँस लेने के सिवा
मुझको अब करना ही क्या है साँस लेने के सिवा

थी शबे-तारीक,[1] चोर आए, जो कुछ था ले गए
कर ही क्या सकता था बन्दा खाँस लेने के सिवा

•

बोले शगुफ़्तगी[2] से, मगर बात की नहीं
ख़्वाहिश मुझे अब उनसे मुलाक़ात की नहीं

मेरे सुकूत[3] से मुझे बेहिस न जानिए
अल्फ़ाज़ की कमी है, ख़यालात की नहीं

इसके सिवा कि शुक्र का मौक़ा नहीं मिला
मुझको शिकायत उनसे किसी बात की नहीं

1. अँधेरी रात 2. खिलना 3. शान्ति

तारे-बर्क़ी[1] से हुआ मालूम हाले ज़ारे रूस
शोर बरपा है कलीसा में, हरम में, दैर में

आसमानी तोप चलती है कहीं सदियों के बाद
लेकिन उड़ जाती हैं सारी अज़्मतें[2] दो फ़ैर[3] में

•

यह क्या ज़रूर है कि हमेशा बड़े रहो
कहता है अब यह चर्ख़[4] कि खाओ पड़े रहो

ऐ शेख़ हम हैं खुश जो रहो तुम हमारे पास
मुश्किल है यह मगर कि कहीं बे लड़े रहो

मुम्ताज़[5] रास्ती से हुए हैं चमन में सर्द
यह भी मगर है हुक्म कि यूँ ही खड़े रहो

---

1. बिजली का तार (टेलीग्राम) 2. महिमा 3. fire 4. आकाश 5. प्रतिष्ठित

जो कहा मैंने कि प्यार आता है मुझको तुम पर
हँस के कहने लगे "और आपको आता क्या है"

आम इल्ज़ाम[1] है 'अकबर' पे कि पीता क्यों है
इसकी पुरसिश[2] नहीं होती कि यह खाता क्या है

•

तहज़ीबे-नौ[3] जिसे तुम कहते हो उससे अक्बर
दुनिया बिगड़ रही है या अब संवर रही है

नक़्शों को तुम न जाँचो ख़िल्क़त[4] से मिल के देखो
क्या हो रहा है आख़िर कैसी गुज़र रही है

दिल में ख़ुशी बहुत है या रंज और तरद्दुद[5]
क्या चीज़ जी रही है क्या चीज़ मर रही है

---

1. आरोप 2. पूछताछ 3. नई तहज़ीब 4. जन्ता, सर्वसाधारण 5. परीशानी, चिन्ता

ख़मोश शम्आ-सिफ़त[1] क्यों न हो ज़बाँ मेरी
कि खुद ही बज़्म में रौशन है दास्ताँ मेरी

अगरचे अक़्ल से करता हूँ मैं हिफ़ाज़ते-जाँ[2]
मगर न अक़्ल मेरे बस की है, न जाँ मेरी

•

इक ज़माने में यह ख़्वाहिश थी कि जानें हम को लोग
अब यह रोना है कि हम क्यों इस क़दर जाने गए

बोले चपरासी जो मैं पहुँचा ब उम्मीदे-सलाम
फाँकिए ख़ाक़ आप भी साहब हवा खाने गए

मुझमें इज़हारे-मुहब्बत उनमें इज़हारे-कमाल
मैं वहाँ रोने गया और वह कहीं गाने गए

---

1. मोमबत्ती की तरह, चिराग़ की तरह 2. जान की रक्षा

बर्क़े-कलीसा

रात उस मिस से कलीसा[1] में हुआ मैं दो चार
हाय वह हुस्न, वह शोख़ी, वह नज़ाकत, वह उभार
जुल्फ़े-पेचाँ[2] में वह सजधज कि बलाएँ भी मुरीद
क़दे-राना[3] में वह चमख़म कि क़यामत भी शहीद
आँखें वह फ़ितनये-दौराँ[4] कि गुनहगार करें
गाल वह सुबहे-दरख़्शाँ[5] कि मलक[6] प्यार करें
गर्म तक़दीर जिसे सुनने को शोला लपके
दिलकश[7] आवाज़ कि सुन कर जिसे बुलबुल झपके
दिलकशी चाल में ऐसी कि सितारे रुक जाएँ
सरकशी[8] नाज़[9] में ऐसी कि गवर्नर झुक जाएँ
आतिशे-हुस्न[10] से तक़वे[11] को जलाने वाली
बिजलियाँ लुत्फ़े-तबस्सुम[12] से गिराने वाली
पहलुए-हुस्ने-बयाँ[13] शोख़िए-तक़रीर में ग़र्क़[14]
टर्की-वो-मिस्र-ओ-फ़लस्तीन के हालात में बर्क़[15]
पिस गया लोट गया, दिल में सकत ही न रही
सुर थे तमकीन[16] के जिस गत में वह गत ही न रही
ज़ब्त के अज़्म[17] का इस वक़्त असर कुछ न हुआ
'या हफ़ीज़ुन' का किया विर्द[18] मगर कुछ न हुआ

---

1. गिरजा घर 2. उल्झे हुए केश 3. आकर्षक लम्बाई 4. दुनिया को परीशान कर देने वाली 5. जगमगाती हुई सुबह 6. फ़रिश्ते 7. आकर्षक 8. घमण्ड 9. अदा 10. हुस्न की आग 11. पवित्रता 12. मुस्कान का लुत्फ़ 13. बातचीत का ख़ूबसूरत अन्दाज़ 14. डूबा हुआ 15. निपुण 16. गुरूर, संजीदगी 17. हौसला 18. जाप करना

अर्ज़[1] की मैंने कि ए गुल्शने-फ़ितरत[2] की बहार
दौलत-ओ-इज़्ज़त-ओ-ईमाँ तेरे क़दमों. पे निसार[3]
तू अगर अह्दे-वफ़ा[4] बाँध के मेरी हो जाए
सारी दुनिया से मेरे क़ल्ब[5] को सेरी[6] हो जाए
शौक़ के जोश में मैंने जो ज़बाँ यूँ खोली
नाज़-ओ-अन्दाज़ से त्योरी को चढ़ाकर बोली
ग़ैर-मुमकिन[7] है मुझे उन्स[8] मुसलमानों से
बूये-ख़ूँ[9] आती है इस क़ौम के अफ़्सानों से
लन तरानी[10] की यह लेते हैं नमाज़ी बन कर
हमले सरहद पे किया करते हैं ग़ाज़ी बन कर
कोई बनता है जो मेहदी तो बिगड़ जाते हैं
आग में कूदते हैं तोप से लड़ जाते हैं
गुल खिलाए कोई मैदाँ में तो इतरा जाएँ
पाएँ सामाने-एक़ामत[11] तो क़यामत ढाएँ
मुतमइन[12] हो कोई क्योंकर कि यह हैं नेक निहाद[13]
है हनोज़[14] इनकी रगों में असरे-हुक्मे-जिहाद[15]
दुश्मने सब्र की नज़रों में लगावट पाई
कामियाबी की दिले-ज़ार ने आहट पाई
अर्ज़ की मैंने कि ऐ लज़्ज़ते-जाँ राहते-रूह[16]
अब ज़माने पे नहीं है असरे आदम-ओ-नूह

1. निवेदन 2. प्रकृति के उद्यान 3. क़ुर्बान 4. वफ़ा की प्रतिज्ञा 5. दिल 6. सांत्वना 7. असम्भव 8. प्यार 9. ख़ून की गन्ध 10. शेख़ी बाज़ी 11. खड़े होने का सामान 12. सन्तुष्ट 13. जिसकी नींव में अच्छाई हो 14. अभी तक 15. जिहाद के हुक्म का असर (धर्म युद्ध) 16. ऐ जान का आनन्द, आत्मा की राहत

शजरे-तूर[1] का उस बाग़ में पौधा ही नहीं
गेसुए-हूर[2] का इस दौर में सौदा ही नहीं
अब कहाँ ज़हन में बाक़ी हैं बुराक़ो-रफ़रफ़[3]
टकटकी बँध गई है क़ौम की इंजन की तरफ़
हम में बाक़ी नहीं अब ख़ालिदे जाँबाज़ का रंग
दिल पे ग़ालिब है फ़क़त हाफ़िज़े-शीराज़[4] का रंग
याँ न वह नारये तकबीर न वह जोशे-सिपाह[5]
सब के सब आप ही पर पढ़ते हैं सुब्हान अल्लाह
जौहरे-तेग़े-मुजाहिद[6] तेरे अब्रू पे निसार[7]
नूरे ईमाँ का तेरे आइनये-रौ पे निसार
उठ गई सफ़्हये ख़ातिर[8] से वह बहूसे-बद-ओ-नेक[9]
दो दिले हो रहे हैं कहते हैं अल्लाह को एक
मौज-कौसर[10] की कहाँ अब है मेरे बाग़ के गिर्द
मैं तो तहज़ीब में हूँ पीरे-मुग़ाँ[11] का शागिर्द
मुझ पे कुछ वजहे-इताब[12] आपको ऐ जान नहीं
नाम ही नाम है वरना मैं मुसलमान नहीं
जब कहा साफ़ यह मैंने कि जो हो साहबे फ़ह्म[13]
तो निकालो दिले नाज़ुक से यह शुब्हा यह वहम
मेरे इस्लाम को इक क़िस्सये-माज़ी[14] समझो
हँस के बोली कि तो फिर मुझको भी राज़ी समझो

---

1. तूर का पेड़ (तूर उस पर्वत का नाम है जहाँ हज़रत मूसा ने ईश्वर से बात की) 2. अप्सरा के केश 3. स्वर्ग की सवारियाँ 4. हाफ़िज़ शीराज़ी सुप्रसिद्ध फ़ारसी भाषा के कवि 5. सैनिकों का जोश 6. धर्म युद्ध करने वाले की तलवार का जौहर 7. क़ुर्बान 8. हृदय के पृष्ठ 9. अच्छे बुरे की बहस 10. स्वर्ग की एक नहर की लहर 11. मधुशाला का मालिक 12. क्रोध का कारण 13. समझदार 14. भूतकाल का क़िस्सा

इंगलिश ड्रेस अनवर का जो कल बज़्म में देखा
'अकबर' ने कहा यह तो ख़राबी के हैं आसार

मानी[1] में भी हो जाएगा आख़िर को तग़इयुर[2]
तब्दीलिए सूरत के रहे गर यही अतवार[3]

ख़ालिक़[4] की इबादत[5] से हिजाब[6] आने लगेगा
शर्माओगे करते हुए इस्लाम का इज़हार[7]

बेगाना वशी[8] होगी अज़ीज़ाने वतन से
बंगले में निहाँ[9] होगे कहीं छोड़ के घर, बार

फ़ातेह से मसावात[10] की उट्ठेंगी उमँगें
वह ज़ीस्त[11] जो आसान थी हो जाएगी दुश्वार

आपस में भी तुम लोग मवाफ़िक़[12] न रहोगे
इक एक को देखेगा ब इकराह-ओ-ब इनकार[13]

आख़िर को रहोगे न इधर के न उधर के
अँग्रेज भी खिंचते रहेंगे क़ौम भी बेज़ार

अनवर ने कहा सल्लेअला वाह बहुत ख़ूब
शक इसमें नहीं मद्हे[14] के क़ाबिल है यह गुफ़्तार[15]

लेकिन जो यह तामीम[16] है हज़रत के सुख़न[17] में
इसको तो न तस्लीम करेगा यह गुनहगार

---

1. अर्थ 2. परिवर्तन 3. तौर तरीक़े 4. जन्मदाता 5. पूजा 6. पर्दा 7. अभिव्यक्ति 8. ग़ैरियत 9. छुपा हुआ 10. बराबरी 11. ज़िन्दगी 12. साज़गार, मिलजुलकर 13. नफ़रत से और नाराज़गी से 14. प्रशंसा 15. बात 16. किसी धारणा को आम मानी में इस्तेमाल करना 17. बातें

हर मज़हब-ओ-मिल्लत[1] में हैं अच्छे भी बुरे भी
वह कौन-सा फ़िरक़ा[2] है कि सब जिसमें हो अबरार[3]

मलबूस-ओ-मकाँ[4] का जो किया आपने मज़कूर[5]
उसके भी बजा होने का मुझको नहीं इक़रार

बातिन[6] से है अख़लाक़े-हमीदा[7] का तअल्लुक़[8]
फ़ितरत[9] में जो हैं नेक, वह बद[10] होगा न ज़िन्हार[11]

औज़ाए-ज़माना[12] तो बदलते ही रहेंगे
रुकती नज़र आती नहीं दुनिया की यह रफ़्तार

है जिसको ज़रूरत वह ज़रूरत से है मजबूर
है शौक़ जिसे क्यों न किया जाए वह मुख़्तार[13]

मक़सूद[14] जो असली है वह है दिल की दुरुस्ती
या हैट ओवरकोट हो या जुब्बा[15]-वो-दस्तार[16]

शुबहा मेरे इस क़ौल की सेहत में अगर हो
सुन लीजिए सादी का यह इर्शादे-गोहर बार[17]

---

1. धर्म और राष्ट्र 2. वर्ग 3. अच्छे 4. वस्त्र और घर 5. वर्णन 6. अन्तरात्मा 7. प्रंशसा योग्य शिष्टाचार 8. सम्बन्ध 9. प्रकृति 10. बुरा 11. हरगिज़ 12. दुनिया के ढंग 13. अधिकारी 14. उद्देश्य 15. लम्बा कोट 16. पगड़ी 17. मोती बिखेरने वाली बातें

बुलबुल हैं आज हम चमनिस्ताने कम्प के
पर्वाना[1] कल बनेंगे कलीसा के लम्प[2] के

फ़िक्रे-बहिश्त-ओ-कौसर-ओ-तस्नीम[3] हो चुकी
अब पार्क का ख़याल है चर्चे हैं पम्प के

रखते थे जो बुज़ुर्ग क़दम फूँक फूँक कर
ख़ूगर[4] हुए हैं लीप[5] के, स्किप[6] के, जम्प[7] के

जो बात मुनासिब है वह हासिल नहीं करते
जो अपनी गिरह में है उसे खो भी रहे हैं

बेइल्म भी हम लोग हैं ग़फ़्लत[8] भी है तारी
अफ़्सोस भी अन्धे भी हैं और सो भी रहे हैं

---

1. पतिंगे 2. Lamp 3. स्वर्ग और स्वर्ग की नहरों की फ़िक्र। (जन्नत की लहरें—कौसर और तस्नीम) 4. आदी 5. Leap 6. Skip 7. Jump 8. भूल

कर्ज़न सभा

सभा में दोस्तो कर्ज़न की आमद आमद[1] है
गुलों में ग़ैरते गुलशन[2] की आमद आमद है
रईस-ओ-राजा-ओ-नौवाब मुन्तज़िर[3] हैं बशौक़
कि नायबे शहे लन्दन की आमद आमद है
वह होके आते हैं क़ायम मक़ामे-क़ैसरे-हिन्द[4]
सितारों में महे-रौशन की आमद आमद है
हैं उनके साथ में इतने अकाबिरे-योरप[5]
कि गोया देहली में लन्दन की आमद आमद है
ग़रज़ यह है कि हो तक्मीले-ज़ीनत-ओ-रौनक़[6]
हर एक इल्म की, हर फ़न की आमद आमद है
कमर बँधी नज़र आती है आब-ओ-आतिश[7] की
इधर से नल उधर इंजन की आमद आमद है
दिखा रहे हैं हुनर मन्द ख़्वाबे-मक़्नातीस[8]
दिलों में हालते रौशन की आमद आमद है
उमड़ रही है हर इक सम्त से फ़रावानी[9]
हर एक जिंस के ख़िरमन[10] की आमद आमद है
वरूदे-फ़ौज[11] से है ज़र्क़ बर्क़ का आलम
जिधर को देखिए पल्टन की आमद आमद है
चमक है किर्चों की हर सू गमक है तोपों की
चमाचम और दनादन की आमद आमद है

1. आगमन 2. बाग़ 3. प्रतीक्षा कर रहे हैं 4. भारत के सम्राट 5. योरप के बड़े-बड़े लोग 6. सजावट और रौनक़ का काम पूरा हो 7. पानी और आग 8. अपनी ओर खींच लेने वाला स्वप्न 9. बहुतात 10. खलिहान 11. सेना का आगमन

चहल पहल है, उमँगें हैं, जोशेमस्ती है
बहारे ऐश पे जोबन की आमद आमद है
जो पीर[1] हैं उन्हें हैं वलवले[2] जवानी के
जवान हैं तो लड़कपन की आमद आमद है
तमाम मज़्हब-ओ-मिल्लत[3] में हैं कशिश पैदा
मुग़ान-ओ-शेख़-ओ-बृहमन की आमद आमद है
गिरह में ज़र[4] नहीं और टीम टाम लाज़िम-ओ-फ़र्ज़[5]
इसी सबब से महाजन की आमद आमद है
उभारे रखता है 'अकबर' के दिल को फ़ैज़े-सुख़न[6]
अगरचे पीरी-ओ-पेन्शन की आमद-आमद है

1. बूढ़े 2. जोश 3. धर्म और सम्प्रदाय 4. सोना, दौलत 5. अनिवार्य 6. शायरी का फ़ैज़, वरदान

वफ़ाते सर सइयद मरहूम पर

हमारी बातें ही बातें हैं सइयद काम करता था
न भूलो फ़र्क़ जो है कहने वाले करने वाले में

कहे जो चाहें कोई मैं तो यह कहता हूँ ऐ 'अकबर'
खुदा बख़्शे बहुत सी ख़ूबियाँ थीं मरने वाले में

•

जो हस्रते दिल है वह निकलने की नहीं
जो बात है काम की वह चलने की नहीं

यह भी है बहुत कि दिल सँभाले रहिए
क़ौमी हालत यहाँ सँभलने की नहीं

यही फ़तवाये-नेचर[1] है कि हम भी हो रहें उनके
ज़र[2] उनका, ज़ोर उनका, इल्म उनका, सल्तनत[3] उनकी

मिलाएँ किस तरह सुर, सद्र पर नज़्ला है मज़हब का
बहुत ऊँचे सुरों में बज रही है अब तो गत उनकी

गर क़ौमी अतिब्बा[4] दूर ही कर देंगे यह नज़्ला
क़वी[5] अतफ़ाल[6] को कर देगी आख़िर तरबियत उनकी

मायूस कर रहा है नई रोशनी का रंग
इसका न कुछ अदब है न कुछ एतबार है

तक़दीस[7] मास्टर की न लीडर का फ़ातेहा
यानी न नूरे-दिल है न शमये मज़ार है

---

1. नेचर का फ़तवा (धर्मादेश) 2. सोना 3. राज्य 4. हकीम, वैद्य 5. शक्तिवान 6. बच्चे 7. पवित्रता

हासिल हो कुछ मआश[1], यह मेहनत की बात है
लेकिन सुरूरे-क़ल्ब[2], यह क़िस्मत की बात है

आपस की वाह वाह लियाक़त[3] की बात है
सरकार की क़ुबूल, यह हिकमत की बात है

वह मुख़बिरे-रक़ीब[4] है मैं हूँ शहीदे-इश्क़![5]
यह अपनी अपनी हिम्मत-ओ-ग़ैरत की बात है

जापान-ओ-रूस से नहीं कुछ वास्ता हमें
खुर्जी की यां तो बहस है तिब्बत की बात है

बी.ए. भी पास हूँ मिले बीबी भी दिलपसन्द
मेहनत की है वह बात यह क़िस्मत की बात है

तहज़ीबे-मग़रिबी में है बोसे तलक मआफ़
इस से अगर बढ़ो तो शरारत की बात है

---

1. रोज़ी 2. दिल की खुशी 3. योग्यता 4. रक़ीब का जासूस 5. मुहब्बत में शहीद होने वाला

पेच मज़हब का किसी साहब ने ढीला कर दिया
सादा-तबओं[1] को भी बिलआख़िर रंगीला कर दिया

शौक़ पैदा कर दिया बंगले का और पतलून का
वह मसल है मुफ़्लिसी[2] में आटा गीला कर दिया

था बनारस पहले ही से ऐ सनम रस में भरा
चश्मे-मिस ऐनी ने और उसको रसीला कर दिया

•

अक्सर वही बुज़ुर्ग हैं जो हैं पिए हुए
बाहोश[4] कम हैं उनके भी मुँह हैं सिए हुए

हरगिज़ कोई कहेगा न इस अंजुमन का राज़
क्यों अपने आप को है परीशाँ किए हुए

---

1. सादा स्वभाव वालों 2. ग़रीबी 3. मिस ऐनी की आँखें 4. होश वाला

तुझे इंगलिश से जब मौक़ा नहीं है गर्म जोशी का
तो फिर क्या लुत्फ़ है ऐ हमनफ़स[1] इस बादा नोशी[2] का
तकल्लुफ़ से जवाब उसने दिया सुन कर कि ऐ 'अकबर'
अदा करता हूँ मैं यह हक़ फ़क़त[3] पतलून पोशी का

•

हाज़िर हुआ मैं ख़िदमते-सइयद में एक रात
अफ़्सोस है कि हो न सकी कुछ ज़्यादा बात
बोले कि तुझको दीन की इस्लाह[4] फ़र्ज़ है
मैं चल दिया यह कह के कि आदाब अर्ज़ है

---

1. साथी 2. शराब पीना 3. सिर्फ़ 4. सुधार

दाख़िल मेरी दानिस्त[1] में यह काम है पुन में
पहुँचायेगा क़ूवत[2] शजरे-मुल्क की बुन[3] में
तहरीके स्वदेशी पे मुझे वज्द[4] है 'अकबर'
क्या ख़ूब यह नग़मा है छिड़ा देस की धुन में

•

यह बात ग़लत कि मुल्के इस्लाम है हिन्द
यह झूठ कि मुल्के लच्छमन-ओ-राम है हिन्द
हम सब हैं मुती-ओ-ख़ैर ख़्वाहे इंगलिश[5]
योरप के लिए बस एक गोदाम है हिन्द

---

1. जानबूझ कर 2. शक्ति 3. देश के पेड़ की रगों में 4. मस्त होना 5. अँग्रेज़ों के शुभचिन्तक और ताबेदार

ज़िन्दगी और क़यामत में रिलेशन समझो
इसको कॉलेज और उसे कान्वोकेशन समझो

हो जिन्हें मक़्दरते वज़-ओ-नेफ़ाज़े—क़ानून[1]
बस उन्हीं को सफ़े-अक़्वाम[2] में नेशन समझो

आह-ओ-फ़रियाद से क़ाबू में न आएगा वह यार
तपिशे-क़ल्ब[3] को बंगाल एजीटेशन समझो

•

थे केक की फ़िक्र में सो रोटी भी गई
चाही थी शय बड़ी सो छोटी भी गई
वाइज़[4] की नसीहतें न मानी आख़िर
पतलून की ताक में लँगोटी भी गई

---

1. क़ानून बनाने और लागू करने का अधिकार 2. राष्ट्रों की पंक्ति में 3. हृदय की गर्मी 4. उपदेशक

हर रंग की बातों का मेरे दिल में है झुरमुट
अजमेर में क़ुल्चा हूँ अलीगढ़ में हूँ बिस्कुट

पाबन्द किसी मश्रब-ओ-मिल्लत[1] का नहीं हूँ
घोड़ा मेरी आज़ादी का अब जाता है बगटुट

•

शेख़ साहब को नहीं शायरों की बात से काम
हुस्न की क़ैद नहीं बस है मुसम्मात[2] से काम

याँ तो बिरयानी के अफ़्सानों से दिले-बिरियाँ[3] है
बाबू ही अच्छे कि उनको है फ़क़त[4] भात से काम

कहते हैं हम को जो चन्दा दे मुहज़्ज़ब[5] है वही
उसके अफ़्आल[6] से मतलब है न आदात[7] से काम

---

1. किसी वर्ग और सम्प्रदाय का पाबन्द 2. स्त्रियाँ 3. जला हुआ दिल 4. सिर्फ़ 5. सभ्य 6. कर्मों 7. आदत

बोसा कैसा कि गिलोरी भी नहीं पाता हूँ
बस कलाम अपना उन्हें जाके सुना आता हूँ
वह यह फ़रमाते हैं क्या ख़ूब कहा है वल्लाह
मैं यह कहता हूँ कि आदाब बजा लाता हूँ

सूप का शायक़[1] हूँ यख़नी होगी क्या
चाहिए कटलेट यह क़ीमा क्या करूँ

लैथरिज की चाहिए रीडर मुझे
शेख़ सादी की करीमा[2] क्या करूँ

खींचते हैं हर तरफ़ तानें हरीफ़[3]
फिर मैं अपने सुर को धीमा क्या करूँ

डाक्टर से दोस्ती लड़ने से बैर
फिर मैं अपनी जान बीमा क्या करूँ

चाँद में आया नज़र ग़ारे-मोहीब[4]
हाये अब ऐ माहे-सीमा[5] क्या करूँ

---

1. शौक़ीन, चाहने वाला 2. शेख़ सादी की एक किताब जिसे ईश्वर का गुणगान किया गया है। 3. दुश्मन, विरोधी 4. गहरी गुफ़ा, 5. चन्द्रमुखी

चश्मे-जहाँ[1] से हालते अस्ली छिपी नहीं
अख़्बार में जो चाहिए वह छाप दीजिए

दावा बहुत बड़ा है रियाज़ी[2] में आपको
तूले-शबे-फ़िराक़[3] को तो नाप दीजिए

सुनते नहीं हैं शेख़ नई रोशनी की बात
इंजन की उनके कान में अब भाप दीजिए

उस बुत के दर पे ग़ैर से 'अकबर' ने कह दिया
ज़र[4] ही मैं देने लाया हूँ जान आप दीजिए

•

दिल में जो पड़ गई है गिरह खोल डालिए
इक दम में कुल मताये-सुख़न[5] तोल डालिए

तरकीब है तरक़्क़िये उर्दू की बस यह ख़ूब
जो आप बोल सकते हैं सब बोल डालिए

---

1. दुनिया की आँख 2. गणित 3. विरह की रात की लम्बाई 4. सोना 5. काव्य सामग्री

मार-ओ-कज़्दुम[1] रह गए, कीड़े मकोड़े रह गए
सूरतें तो हैं मगर इंसान थोड़े रह गए

ख़िज़्र[2] अन्क़ा[3] हो गए मूज़ी[4] बने हैं सद्दे-राह[5]
गिर गये संगे-निशां[6] सड़कों पे रोड़े रह गये

पर्दा दर की राय सुनकर बीबियाँ कहने लगीं
अब हमारे वारिस ऐसे ही निगोड़े रह गए

शेख़ साहब चल बसे कॉलेज के लोग उभरे हैं अब
ऊँट रुख़्सत हो गए पोलो के घोड़े रह गए

•

हैराँ हैं इस ज़माने में हम जी के क्या करें
जायज़ सही शराब मगर पी के क्या करें

तालीम ऊँचे दर्जे की होती नहीं नसीब
फिर घर में बैठ कर बजुज़[7] ए, बी के क्या करें

---

1. साँप बिच्छू, 2. रास्ता दिखाने वाला (एक पैग़म्बर का नाम) 3. एक पारम्परिक पक्षी जिसे किसी ने नहीं देखा 4. जान लेवा 5. रास्ते की रुकावट 6. पत्थर का निशान 7. सिवाय

न तो अँग्रेज़ बने हम न मुसलमान रहे
उम्र सब मुफ़्त में खोया किए नादान रहे

ताक़त इस्लाम की कहती थी मुसलमानों से
जब मैं जानूँ कि मेरे बाद मेरा ध्यान रहे

उनकी सब सुनते हैं अपनी नहीं कर सकते कुछ
क्या क़यामत है ज़बाँ कट गई और कान रहे

थी बहुत उनको मुसलमानों की तहज़ीब की फ़िक्र
बोले मस्जिद के तले मय[1] का भी सामान रहे

राहते-जाँ है तेरी नज़्में दिल-आवेज़[2] 'अकबर'
तन्दुरुस्ती रहे, ईमान रहे, जान रहे

1. शराब 2. दिल को मोहने वाला

शौक़े-लैलाये-सिविल सर्विस ने मुझ मजनून को
इतना दौड़ाया लंगोटी कर दिया पतलून को

जामये-हस्ती[1] के टुकड़े उड़ रहे हैं नज़्आ[2] में
फेंकिये अब कोट को तह कीजिए पतलून को

•

मेरे शिक्वों[3] से क्यों भरते हैं वह अख़बार के कालम
कोई यह शेख़ से कह दे कि सुनिए क़िब्लये-आलम

जिधर साहब उधर दौलत जिधर दौलत उधर चन्दा
जिधर चन्दा उधर आनर जिधर आनर उधर बन्दा

---

1. अस्तित्व का पहनावा 2. मौत से पहले की हालत 3. शिकायतों

हरीफ़ों ने रपट लिखवाई है जा जा के थाने में
कि 'अकबर' ज़िक्र करता है ख़ुदा का इस ज़माने में

अनोखे हैं मशाग़िल[1] हज़रते-अक्बर के इन रोज़ों
'अलम तर कैफ़' बैठे पढ़ रहे हैं फ़ील-ख़ाने[2] में

मुरीद उनके तो शहरों में उड़े फिरते हैं मोटर पर
नज़र आते हैं लेकिन शेख़ जी अब तक म्याने में

•

इक बर्गे-मुज़्महिल[3] ने यह इस्पीच में कहा
मौसम की कुछ ख़बर नहीं ऐ डालियो तुम्हें
अच्छा जवाबे-ख़ुश्क[4] यह इक शाख़ ने दिया
मौसम से बाख़बर हों तो क्या जड़ को छोड़ दें

1. मशग़ले 2. हाथीबाड़ा, हाथी के रहने की जगह 3. मुर्झाया हुआ पत्ता 4. सूखा जवाब

गुल फेंके हैं योरप की तरफ़ बल्कि समर[1] भी
ऐ नेचर-ओ-साइंस भला कुछ तो इधर भी

अग़्यार[2] तो दुनिया हैं उठाए हुए सर पर
हम बैठे हैं इस तरह कि उठता नहीं सर भी

अग़्यार तो रग रग से हमारी हुए वाक़िफ़[3]
हम वह हैं कि पाते नहीं इस बुत की कमर भी

•

मुतमइन[4] रहिए न रह जाएगा औरत का हिजाब[5]
चादरे-क़ौमी की आख़िर खुलती जाती हैं तहें

इक तरफ़ दामे तरक़्क़ी इक तरफ़ मौजे शराब
हर तरह हाज़िर हैं हम, कहिए फँसें, कहिए बहें

---

1. फल 2. पराये लोग 3. परिचित 4. सन्तुष्ट 5. पर्दा

ज़र्रे-ज़र्रे[1] से लगावट की ज़रूरत है यहाँ
आफ़ियत[2] चाहे तो इन्सान ज़मींदार न हो

शेख़ साहब यह मये-सुर्ख़ मुझे तो है मुफ़ीद[3]
शग़्ल[4] कुछ आप भी फ़रमाएँ जो इन्कार न हो

मय[5] भी होटल में पियो चन्दा भी दो मस्जिद में
शेख़ भी ख़ुश रहें शैतान भी बेज़ार न हो

फेर सकती नहीं तक़्वा[6] से मुझे कोई सदा
शर्त यह है कि वह पाज़ेब की झन्कार न हो

तोप की तरह चल इस अह्द[7] में गो मुँह हो स्याह
सुर्ख़रूई[8] अब इसी में है कि तलवार न हो

---

1. कण कण 2. कुशल 3. फ़ायदेमन्द 4. मशग़ला 5. शराब 6. पवित्रता 7. युग 8. कामियाबी

सुल्ह रही अब न गवारा हमें
सेल्फ़ गौरमेन्ट ने मारा हमें

काम तो जो कुछ है वह है आपका
नाम ने ही सिर्फ़ उभारा हमें

दर्द किसी का न रहा दिल में अब
ख़ूब दिया तुमने भपारा हमें

क़ौम की तफ़्रीक़[1] में टुकड़े उड़े
मुल्क से अब क्या है सहारा हमें

आईना है हस्रते-दुनिया[2] का हाल
याद हैं इस्कन्दर-ओ-दारा हमें

जलवा दिखाने का उन्हें शौक़ है
काश मुबारक हो नज़ारा हमें

---

1. फ़र्क़ करना, भेद करना 2. दुनिया की हस्रत

यह तो मुश्किल है कि आप इस्पीच दें हम चुप रहें
हाँ मगर इसमें नहीं कुछ उज़्र[1] जो कहिए कहें

मर्द जेन्टिलमैन हो कर पा रहे हैं जब उरूज[2]
बीबियाँ फिर घर में रँजे-कस्मपुर्सी[3] क्यों सहें

•

तुम शौक़ से कॉलेज में फलो पार्क में फूलो
जायज़ है गुबारों में उड़ो चर्ख़[4] पे झूलो
बस एक सुख़न[5] बन्दये-आजिज़[6] का रहे याद
अल्लाह को और अपनी हक़ीक़त[7] को न भूलो

---

1. बहाना 2. बुलन्दी 3. किसी से न पूछे जाने का कष्ट 4. आकाश 5. बात 6. मजबूर बन्दा 7. असलियत

मुझ गदा[1] को कर दिया रुख़्सत जो देकर इत्र पान
फ़ाक़ा तो टूटा नहीं, हाँ इज़्ज़त अफ़्ज़ाई हुई

मर्कज़े दिल[2] बज़्मे मश्रिक़[3] में कोई मिलता नहीं
हर तबीयत मग़रिबी चक्कर में है आई हुई

मज़्हब-ओ-वज़्-ओ-ज़बाने-क़ौम[4] का किस को ख़याल
जब अकाबिर की नज़र आनर की शैदाई[5] हुई

नज़्मे-'अकबर' को समझ लो यादगारे इन्क़लाब
यह उसे मालूम है टलती नहीं आई हुई

---

1. भिखारी 2. दिल का केन्द्र (माशूक़) 3. पूरब की सभा 4. क़ौम की भाषा, तौर तरीक़ों और विश्वास 5. आशिक़

तालीम है लड़कों की कि इक दामे-बला[1] है
ऐ काश कि इस अह्द में हम बाप न होते

यह आपकी बरकत[2] है कि पेचीदगियाँ[3] हैं
बेहतर था कमेटी में अगर आप न होते

•

देख आए क़ौम सुनते थे जिसे
चन्द लड़के हैं मिशन स्कूल के

बार आवर[4] पार्क में यह होंगे क्या
गमलों ही पर रह गए हैं फूल के

---

1. मुसीबत को जाल 2. बढ़ौत्री, ख़ुशकिस्मती 3. उलझनें 4. फलदार, फ़ायदेमन्द, सफल

लुत्फ़ चाहो इक बुते-नौख़ेज़[1] को राज़ी करो
नौकरी चाहो किसी अँग्रेज़ को राज़ी करो

लीडरी चाहो तो लफ़्ज़े-क़ौम है मेहमाँ नवाज़[2]
गप नवीसों को और अहूले मेज़ को राज़ी करो

ताअते दामन सुकूं का दिल को लेकिन हो जो शौक़
सब्र पर तबये-हवस[3] अँग्रेज़ को राज़ी करो

ज़क़ ज़क़-ओ-बक़ बक़ में दुनिया के न हो 'अकबर' शरीक
चुप ही रहने पर ज़बाने तेज़ को राज़ी करो

•

तालीम लड़कियों की ज़रूरी तो है मगर
ख़ातूने-ख़ाना[4] हों वह सभा की परी न हों

ज़ीइल्म-ओ-मुत्तक़ी[5] हों जो हों उन के मुन्तज़िम[6]
उस्ताद अच्छे हों मगर उस्ताद जी न हों

---

1. नौजवान, नई उम्र का माशूक़ 2. अतिथि सत्कार करने वाला 3. लालची तबीयत 4. घरेलू महिला 5. पढ़ा लिखा और पवित्र स्वभाव वाला 6. इन्तेज़ाम करने वाला

तिफ़्ले-दिल[1] को उल्फ़ते जुल्फ़े बुताँ इक खेल है
ख़ैर हो ईमाँ की यारब काफ़िरों से मेल है

मग़रिबी चक्कर में तफ़्रीहें भी हैं ईज़ा[2] के साथ
इम्तियाज़[3] इसका है मुश्किल पार्क है, या जेल है

बरकतें साकित[4], सआदत[5] दम बख़ुद[6], मज़हब ख़मोश
दिल दुआ से बेख़बर तदबीर ही से मेल है

कहते हैं राहे-तरक़्क़ी में हमारे नौजवाँ
ख़िज़्र की हाजत[7] नहीं हमको जहाँ तक रेल है

•

हम उर्दू को अर्बी क्यों न करें हिन्दी को वह भाषा क्यों न करें
झगड़े के लिए अख़्बारों में मज़मून[8] तराशा क्यों न करें

आपस में अदावत[9] कुछ भी नहीं लेकिन इक अखाड़ा क़ायम है
जब इस से फ़लक[10] का दिल बहले हम लोग तमाशा क्यों न करें

---

1. दिल का बालक 2. तकलीफ़ 3. फ़र्क़, भेद भाव रखना 4. ठहरा हुआ 5. सौभाग्य, अच्छा काम करने का अवसर प्राप्त होना 6. हैरान 7. ज़रूरत 8. विषय 9. दुश्मनी 10. आकाश

वज़आ[1] बदली, घर को छोड़ा, काग़ज़ों में छप गए
चन्द रोज़ा खेल था आख़िर को सब मर खप गए

मिट गए नक़्श-ओ-निगारे-दैरे-फ़ानी[2] के मुरीद
नाम उन्हीं का रह गया रौशन जो हरि को जप गए

दिल का टुकड़ा तो रहा बाक़ी पये-राहे-खुदा
रेल में क्या ग़म जो 'अकबर' खेत तेरे तप गए

•

यह पूछा शेख़ से मैंने कि कहिए क्या गुज़रती है
यह सन उन्नीस सौ दस हैं नए मक़्सूद[3] मन्ज़र[4] हैं

निहायत यास-ओ-हस्रत[5] से वह बोले क्या कहूँ तुमसे
यह दो मिस्रे सुनो जिनमें निहाँ दफ़्तर के दफ़्तर हैं

नई तालीम के मुर्दे तो ज़िन्दा हैं तमाशों में
पुरानी वज़आ[6] के जिंदे मगर मुर्दों से बदतर हैं

---

1. ढंग 2. विनाशशील दुनिया के चिह्न और रूप 3. जिसकी तलब हो 4. दृश्य 5. नाउमीदी और कामना 6. ढँग

कॉलेज में हो चुका जब यह इम्तहाँ हमारा
सीखा ज़बाँ ने कहना, हिन्दोस्ताँ हमारा

रक़्बे[1] को कम समझ कर 'अकबर' यह बोल उट्ठे
हिन्दोस्तान कैसा, सारा जहाँ[2] हमारा

लेकिन यह सब ग़लत है कहना यही है लाज़िम[3]
जो कुछ है सब ख़ुदा का, वह्म-ओ-गुमाँ[4] हमारा

•

हमको नई रविश[5] के हल्क़े[6] जकड़ रहे हैं
बातें तो बन रही हैं और घर बिगड़ रहे हैं

ज़ाती तरक़्क़ियाँ हैं क़ौमी है या तनज़्ज़ुल[7]
गिरहें[8] यह खुल रही हैं या पेच पड़ रहे हैं

सत्हे-ज़मीं से पूछो क्या मिल रहा है उसको
नज़रों में फुलझड़ी से गो फूल झड़ रहे हैं

---

1. क्षेत्र 2. संसार 3. ज़रूरी 4. भ्रम 5. रास्ता 6. घेरा 7. पतन 8. गाँठे

ताने सुनते हैं मगर शेर कहे जाते हैं
दाद के शौक़ में बेदाद सहे जाते हैं

रिज़ोल्यूशन ही के तख़्ते का सहारा लेकर
बह्रे तद्बीर[1] तरक़्क़ी में बहे जाते हैं

मलेकुलमौत[2] ने नोटिस न दिया था अफ़्सोस
इस कमेटी के बहुत काम रहे जाते हैं

आप फ़रमाते हैं हो लह्र तरक़्क़ी की तो आ
मौजें कहती हैं कि यह ख़ुद ही बहे जाते हैं

●

ग़पें उड़ाने को इक वादिये-अमल[3] तो है
हमारे वास्ते इक नाज़ का महल तो है

इलाही रख तू सलामत हमारे लीडर को
कि बज़्मे क़ौम में इससे चहल पहल तो है

चला ही लेंगे किसी ख़ेत में बहुक्मे-हुज़ूर
ख़ुदा के फ़ज़्ल से महफ़ूज़[4] अपना हल तो है

---

1. विधि 2. यमराज 3. कर्म की वादी 4. सुरक्षित

ख़ूब इक नासेह-मुशिफ़क़[1] ने यह इर्शाद[2] किया
बज़्म में उसने तअल्ली[3] जो कल 'अकबर' की सुनी

न तेरी फ़ौज़, न शागिर्द न पीर और मुरीद
न तो अर्जुन है न सुक़रात, ऋषि है न मुनी

किस नगीं पर हैं तेरे नक़्श[4] के आसार अयाँ[5]
नोट बुक तेरी शिकस्ता, तेरी पेन्सिल है घुनी

फ़िक्र से ज़िक्र से इब्रत[6] से तुझे काम नहीं
वाह वा के लिए लफ़्ज़ों की दुकाँ तूने चुनी

तब्अ[7] में तेरी वही ख़ामिए-हिर्स–दुनियां[8]
आतिशे-ख़ौफ़े ख़ुदा से न जली है न घुनी

ख़ुद परस्ती[10] है बहुत, ख़ल्क़[11] की ख़िदमत कम है
दिल वही कम है तो है दिल शिकनी[12] चार गुनी

---

1. दयालु उपदेशक 2. उपदेश दिया 3. अपने मुँह मियां मिट्ठू बनना 4. निशान, चिह्न 5. प्रकट, ज़ाहिर 6. सीख 7. स्वभाव 8. दुनिया के लालच की ख़राबी 9. ईश्वर के कोप का डर 10. स्वयं पर रीझना 11. दुनिया, जनता 12. दिल तोड़ना